汽车检测与
维修技术综合实训

主　编　罗运鹏　魏岸若　李宽宽

副主编　赵乙鑫　吴　敏　吴国友　姚　旺

重庆大学出版社

内容提要

本书主要介绍了汽车常规保养、汽车发动机拆装、汽车底盘拆装、汽车美容与装饰、汽车电气与电子检测等方面的实训内容。本书分为 20 个项目，包括汽车常用维保工具的使用、更换机油和四滤、扒胎机的使用和车轮动平衡、四轮定位、更换刹车片、发动机总体结构认识、更换正时传动带、曲柄连杆机构的拆装、配气机构的拆装、手动变速器的拆装、汽车悬架拆装、驱动桥拆装、汽车故障诊断仪的使用、保险装置及继电器检测、汽车传感器检测、汽车空调制冷剂抽空和加注、汽车车身及内饰清洁、汽车防爆隔热膜的安装、汽车漆面打蜡及抛光、汽车封釉和镀膜。每个项目包含实训目的、实训要求及注意事项、实训设备及耗材、基础知识、小组分工、实训内容、小组成员分工及故障分析、实训数据记录、实训报告、实训评分表等内容。

本书可作为职业院校汽车类专业的学生用书，也可作为汽车维修工及兴趣爱好者的参考书籍。

图书在版编目(CIP)数据

汽车检测与维修技术综合实训／罗运鹏，魏岸若，
李宽宽主编. -- 重庆：重庆大学出版社，2021.2
ISBN 978-7-5689-2590-7

Ⅰ.①汽… Ⅱ.①罗… ②魏… ③李… Ⅲ.①汽车—
故障检测—高等职业教育—教材②汽车—车辆修理—高等
职业教育—教材 Ⅳ.①U472

中国版本图书馆 CIP 数据核字(2021)第 038085 号

汽车检测与维修技术综合实训
QICHE JIANCE YU WEIXIU JISHU ZONGHE SHIXUN

主 编 罗运鹏 魏岸若 李宽宽
副主编 赵乙鑫 吴 敏 吴国友 姚 旺
策划编辑:范 琪 鲁 黎

责任编辑:范 琪 版式设计:范 琪
责任校对:邹 忌 责任印制:张 策

＊

重庆大学出版社出版发行
出版人:饶帮华
社址:重庆市沙坪坝区大学城西路 21 号
邮编:401331
电话:(023)88617190 88617185(中小学)
传真:(023)88617186 88617166
网址:http://www.cqup.com.cn
邮箱:fxk@ cqup.com.cn(营销中心)
全国新华书店经销
重庆新荟雅科技有限公司印刷

＊

开本:787mm×1092mm 1/16 印张:14.5 字数:365 千
2021 年 2 月第 1 版 2021 年 2 月第 1 次印刷
印数:1—1 000
ISBN 978-7-5689-2590-7 定价:49.00 元

前言

　　近年来,我国交通大发展、汽车大增长的态势持续深入推进。我国汽车消费总量(新车销售量),自2009年首次超过美国后,连续多年居全球第一位。全国汽车保有量也有近3亿。庞大的市场容量给汽车检测与维修企业提供了足够大的舞台;汽车性能的不断提升,对汽车检测与维修也提出了更高的要求。通过汽车检测与维修技术综合实训,对汽车在常规保养、汽车发动机拆装、汽车底盘拆装、汽车美容与装饰、汽车电气与电子检测等方面的操作流程进行标准化、规范化。从而帮助汽车类专业的学生及汽车维修人员掌握汽车检测与维修技术综合实训的基础知识、操作流程等内容。

　　本书根据"以职业需求为导向、以操作标准为基础、以技术能力为核心"的要求编写,主要介绍了汽车常规保养、汽车发动机拆装、汽车底盘拆装、汽车美容与装饰、汽车电子检测等方面的实训内容,包括汽车常用维保工具的使用、更换机油和四滤、扒胎机的使用和车轮动平衡、四轮定位、更换刹车片、发动机总体结构认识、更换正时传动带、曲柄连杆机构的拆装、配气机构的拆装、手动变速器的拆装、汽车悬架拆装、驱动桥拆装、汽车故障诊断仪的使用、保险装置及继电器检测、汽车传感器检测、汽车空调制冷剂抽空和加注、汽车车身及内饰清洁、汽车防爆隔热膜的安装、汽车漆面打蜡及抛光、汽车封釉和镀膜20个项目。本书取材注重与理论知识的协调统一、逻辑清晰、图文并茂。每个项目包含实训目的、实训要求及注意事项、实训设备及耗材、基础知识、小组分工、实训内容、小组成员分工及故障分析、实训数据记录、实训报告、实训评分表等内容。

1

本书由罗运鹏、魏岸若、李宽宽担任主编,赵乙鑫、吴敏、吴国友、姚旺担任副主编,张闻鸣、张庆、朱传利参编。具体编写分工如下:罗运鹏拟定本书的编写方案,并编写项目13、14、15、16;魏岸若编写项目1、2、3、4、5;李宽宽编写项目6、7、8、9;赵乙鑫、吴敏、吴国友共同编写项目10、11、12;姚旺、张闻鸣、张庆、朱传利共同编写项目17、18、19、20。

特别感谢重庆工贸职业技术学院领导及同事的大力支持和帮助,同时感谢华友汽车修理厂等企业的帮助和经验交流。

由于水平有限,书中不当之处在所难免,恳请使用本书的师生和读者批评指正,在此对本书参考文献的作者表示诚挚的谢意。

编　者

2020 年 9 月

目 录

项目 1
汽车常用维保工具的使用

常用的汽车维修工具和设备有哪些？汽车检修要用到哪些工具？汽修工具，不仅仅汽车修理店需要配备，一些车主也会为爱车备几样常用的汽车维修工具，如千斤顶、锤子、扳手、钳子、拖车绳等，当汽车出现小故障时，车主自己就可以进行应急处理。下面，就来看看常用的汽车修理工具。

一、实 训 目 的

1. 知识目标

(1)认识常用的汽车维修工具。
(2)掌握常用工具的特点和作用。
(3)掌握常用工具的使用方法。

2. 能力目标

(1)能正确运用常用维修工具。
(2)能根据不同的情况选用不同的工具。

3. 素质目标

(1)提高学生团队协作能力。
(2)提高学生独立思考及问题分析能力。
(3)提高学生知识学习及实践操作能力。

二、实训要求及注意事项

1. 使用器具要求及注意事项

（1）轻拿轻放，避免撞击，按正确用法使用工具。

（2）在实训老师的指导下掌握工具的使用。

（3）使用完后将工具放回指定位置，避免遗失。

2. 安全操作要求及注意事项

（1）由指导教师驾驶汽车，学生严禁驾驶汽车。

（2）在使用工具的过程中，应注意保护自身和旁人，避免工具伤人。

（3）汽车检测与维修操作前，需要对现场及周围环境进行安全确认，否则严禁进行相关操作。

（4）汽车检修时，必须仔细对汽车零部件进行检查，防止出现漏件情况。

（5）大型设备运行时，严禁在危险区域工作，多人同时进行检测操作时，严禁随意移动汽车，同时应有专人协调，确认安全。

（6）检修结束后，参加检修的人员应负责车辆清理及环境清理，并保持环境干净、整洁。

三、实训设备及耗材

实训车一辆，汽车维修工具箱一套，汽车维修工具车一辆，其他常用工具。

四、基础知识

（一）通用工具

1. 手锤

手锤，由锤头和手柄组成（图 1.1）。锤头质量有 0.25、0.5、0.75、1 kg 等。锤头形状有圆头和方头。手柄用合成材料或硬杂木制成，长一般为 320～350 mm。

图 1.1　手锤

2.起子

起子又称螺丝刀,是用来拧紧或旋松带槽螺钉的工具(图1.2)。起子分为木柄起子、穿心起子、夹柄起子、十字起子和偏心起子。起子的规格(杆部长)分为50、65、75、100、125、150、200、250、300 mm和350 mm等几种。使用起子时,要求起子刃口端应平齐,并与螺钉槽的宽度一致,起子上无油污。让起子口与螺钉槽完全吻合,起子中心线与螺钉中心线同心后,拧转起子,即可将螺钉拧紧或旋松。

3.钳子

钳子种类很多,汽车修理常用鲤鱼钳(图1.3)和尖嘴钳两种。

(1)鲤鱼钳:用于夹持扁的或圆柱形零件,带刃口的可以切断金属。使用时,擦净钳子上的油污,以免工作时打滑。夹牢零件后,再弯曲或扭切;夹持大零件时,将钳口放大。不能用钳子拧转螺栓或螺母。

(2)尖嘴钳:用于在狭小地方夹持零件。

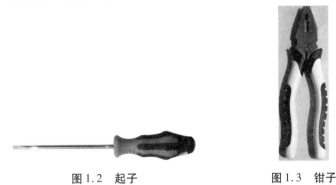

图1.2　起子　　　　　　　　　　图1.3　钳子

4.扳手

扳手,用于拆装有棱角的螺栓和螺母。汽车修理常用的有开口扳手、梅花扳手、套筒扳手、活络扳手、扭力扳手、特种扳手。

(1)开口扳手:开口宽度为6~24 mm,每套有6件、8件两种(图1.4)。适用于拆装一般标准规格的螺栓和螺母。

图1.4　开口扳手

(2)梅花扳手:适用于拆装5~27 mm的螺栓或螺母。每套梅花扳手有6件和8件两种。梅花扳手两端似套筒,有12个角,能将螺栓或螺母的头部套住,工作时不易滑脱。有些螺栓和螺母受周围条件的限制,梅花扳手尤为适用。

(3)套筒扳手:每套有13件、17件、24件三种。适用于拆装位置狭窄式需要一定扭矩的螺栓和螺母。拆装螺栓或螺母时,可根据需要选用不同的套筒和手柄。

(4)活络扳手:此种扳手的开度可以自由调节,适用于不规则的螺栓或螺母。使用时,应将钳口调整到与螺栓或螺母的对边距离同宽,并使其贴紧,让扳手可动钳口承受推力,固定钳口承受拉力。扳手长度有 100、150、200、250、300、375、450、600 mm 几种。

(5)扭力扳手:用以配合套筒拧紧螺栓或螺母(图1.5)。在汽车修理中扭力扳手是不可缺少的,如气缸盖螺栓、曲轴轴承盖螺栓等的紧固都需使用扭力扳手。汽车修理使用的扭力扳手,其扭矩为 2 881 N·m。

图1.5　扭力扳手

(6)特种扳手:或称棘轮扳手,应配合套筒扳手使用。一般用于在狭窄的地方拧紧、拆卸螺栓或螺母,它可以不变更扳手角度就能拆卸、装配螺栓或螺母。

5.全棉工作手套

戴上手套不仅可防止手被弄脏或者弄伤,也可以防滑,使得工作更灵便。

(二)专用工具

1.火花塞套筒

它是一种用于手工拆装火花塞的专用工具(图1.6)。使用时,可根据火花塞的装配位置和火花塞六角的尺寸,选用不同高度和径向尺寸的火花塞套筒。

2.机油滤清器拆卸工具

机油滤清器拆卸工具分专用型与通用型(图1.7)。

图1.6　火花塞套筒　　　　　　　　图1.7　机油滤清器拆卸工具

3.弹簧减振压缩器

弹簧减振压缩器用于换避震器时,两头卡住弹簧,然后向内收进(图1.8)。

4.氧传感器拆卸工具

氧传感器拆卸工具是一种像火花塞套筒样子的专用工具,侧面开有长槽(图1.9)。

图1.8　弹簧减振压缩器

图1.9　氧传感器拆卸工具

5.发动机吊机

吊装汽车发动机或需要提起大些的重物时,发动机吊机是安全、可靠的助手(图1.10)。

6.举升机

举升机又称升降机(图1.11),汽车举升机是用于汽车维修行业举升的汽保设备,无论整车大修,还是小修、保养,都离不开它。举升机按照功能和形状可分为:单柱、双柱、四柱、剪式。

图1.10　发动机吊机

图1.11　举升机

7.球头取出器

球头取出器是用于拆卸汽车球头的专用工具(图1.12)。

8.拉马

拉马可拆卸汽车中的皮带轮、齿轮、轴承等圆状工件(图1.13)。

图1.12　球头取出器

9.碟式刹车分泵调整器

碟式刹车分泵调整器用于各种车型的刹车活塞的顶压操作,压回刹车活塞,调节制动泵,更换刹车片,操作方便、简单,是汽修厂必备的汽修专用工具(图1.14)。

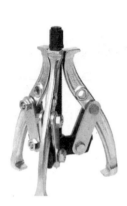

图1.13　拉马

图1.14　碟式刹车分泵调整器

10.气门弹簧装卸钳

气门弹簧装卸钳用于装卸气门弹簧(图1.15)。使用时,将钳口收缩到最小位置,插入气门弹簧座下,然后旋转手柄。左手掌向前压牢,使钳口贴紧弹簧座,装卸气门锁(销)片后,反方向旋转气门弹簧装卸手柄,取出装卸钳。

图1.15　气门弹簧装卸钳

11.活塞环装卸钳

活塞环装卸钳用于装卸发动机活塞环,避免活塞环受力不均匀而折断(图1.16)。使用时,将活塞环装卸钳卡住活塞环开口,轻握手柄,慢慢收缩,活塞环就慢慢张开,将活塞环装入或拆出活塞环槽。

12.千斤顶

千斤顶用于顶起车身(图 1.17)。它分为气动千斤顶、电动千斤顶、液压千斤顶和机械式千斤顶,一般常用的是液压和机械式千斤顶。

图 1.16　活塞环装卸钳

图 1.17　千斤顶

13.波箱顶

波箱顶主要用于汽车变速器、发动机、传动机、前后桥等质量不超过 500 kg 的物件的高位安装和拆卸,是汽车维修和保养工厂不可缺少的举升、运送工具(图 1.18)。

14.汽车检测仪

汽车检测仪也称汽车诊断电脑,它是运用现代检测技术、电子技术、计算机应用技术,对汽车实施不解体检测、诊断的一种汽车维修设备。

15.空气压缩机

空气压缩机是将原动(通常是电动机或柴油机)的机械能转换成气体压力能的装置,是压缩空气的气压发生装置(图 1.19)。常用于风炮、轮胎气压的补充。

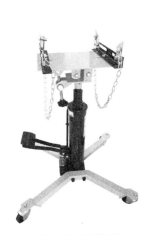

图 1.18　波箱顶

图 1.19　空气压缩机

16. 风炮

风炮是一种气动工具,因为它工作的时候噪声比较大,如炮声,故而得名,也被称为气动扳手(图 1.20)。它的动力来源是空压机输出的压缩空气,当压缩空气进入风炮气缸之后带动里面的叶轮转动而产生旋转动力用来拆卸轮胎螺丝,它是一种方便、省力的汽修专用工具。

图 1.20　风炮

17. 汽车空调压力表

空调系统是一密闭系统,制冷剂在系统内的状态变化看不见、摸不着,一旦出现故障往往无处下手,所以为了判断系统中的工作状态,必须借助于一种仪器——压力表组(图 1.21)。对于汽车空调维修人员来说,压力表组就相当于医生的听诊器和 X 光透视机。这种工具能使维修人员洞察设备的内部情况,就好像提供了有助于确诊病情的有价值的资料。压力表组有多种用途,它可以用来检查系统压力、向系统充注制冷剂、抽真空、向系统加注润滑油等。

图 1.21　压力表组

18. 拆胎机

拆胎机也叫扒胎机,轮胎拆装机(图1.22)。它使维修人员汽车维修过程中能更方便、顺利地拆卸轮胎。目前拆胎机种类众多,有气动式和液压式两种。最常用的是气动式拆胎机。

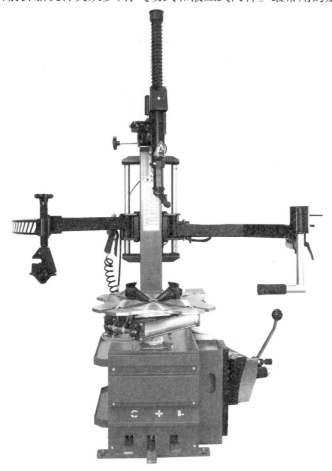

图 1.22 拆胎机

19. 轮胎动平衡机

车轮不平衡会造成车辆抖动,使汽车附着力减小,车轮跳动,损坏减振器及其转向零件。车轮平衡可消除轮胎的抖动或使之减少到许可范围之内,这样可避免由此带来的不利影响及其造成的损坏。轮胎动平衡机如图1.23所示。

20. 四轮定位仪

四轮定位仪(图1.24)是用于检测汽车车轮定位参数,并与原厂设计参数进行对比,指导使用者对车轮定位参数进行相应调整,使其符合原设计要求,以达到理想的汽车行驶性能,即操纵轻便、行驶稳定可靠、减少轮胎偏磨损的精密测量仪器。

图1.23　轮胎动平衡机

图1.24　四轮定位仪

五、实训内容

（1）认识常用的汽车维修工具。

（2）练习各种工具的用法。

（3）根据不同情况合理选择工具。

（4）在实训车辆上进行简单操作实践训练。

小组成员分工及故障分析

小组成员分工及故障分析
成员分工
项目分析
实施计划

实训数据记录

姓名		班级	
学号		指导教师	
组员			
汽车 VIN 码			

汽车品牌		汽车车型		汽车年代	

工具选择	
数据记录及结果分析	

实训报告

请在下方空白处写出本节课您所掌握的知识内容、本人工作任务、完成情况、实训感想等方面的内容。

实训评分表

姓名		班级		学号		指导教师		组别	
评分项目		评分内容				分值	个人评分	小组评分	教师评分
工具、场地准备		场地干净整洁,符合作业要求				5			
		通用及专用工具准备齐全、正确				5			
专业知识学习		学习态度端正,认真积极				5			
工具设备的选择与使用		检修与维修工具设备选择正确、合适				5			
		工具设备使用正确,操作规范				10			
操作实施		按操作要求实施操作				25			
		操作正确、有序				10			
		零部件拆装无破损				5			
总结报告		数据记录完成,符合实际情况				5			
		实训报告客观、务实				5			
团队协作能力		小组成员分工明确				5			
		团队协作,共同完成实训操作				5			
安全		安全操作,未出现人身危险情况				5			
		工具设备使用安全,未损坏				5			
总分						100			

组长:　　　　　　　　　　　　　　　　　　日期:

项目 2
更换机油和四滤

汽车在进行常规保养时,最常接触到的项目是更换机油和四滤。四滤是指空气滤清器、机油滤清器、汽油滤清器和空调滤清器,其作用是去污存清,及时有效地改善汽车机体内部的工作环境。

一、实训目的

1. 知识目标

(1)掌握机油和四滤的作用。
(2)理解更换机油和四滤的必要性。
(3)学会更换机油和四滤的正确步骤。

2. 能力目标

(1)能正确更换机油。
(2)能合理使用工具更换四滤。

3. 素质目标

(1)提高学生团队协作能力。
(2)提高学生资料收集能力及概括能力。
(3)提高学生独立思考及问题分析能力。
(4)提高学生知识学习及实践操作能力。

二、实训要求及注意事项

1. 使用器具要求及注意事项

（1）拆卸和安装放油螺丝时，合理使用扭力扳手，防止拧断螺丝或漏油。

（2）安装空气滤芯时，要注意对准卡口，否则空滤效果会打折扣。

（3）安装空调滤芯时，注意正反面。

2. 安全操作要求及注意事项

（1）由指导教师驾驶汽车，学生严禁驾驶汽车。

（2）使用举升机，要严格按操作流程进行。

（3）汽车检测与维修操作前，需要对现场及周围进行安全确认，否则严禁进行相关操作。

（4）汽车检修时，必须仔细对汽车零部件进行检查，防止出现漏件情况。

（5）汽车运行时，严禁在危险区域工作，多人同时进行检测操作时，严禁随意移动汽车，同时应有专人协调，确认安全。

（6）检修结束后，参加检修的人员应负责车辆清理及环境清理，并保持环境干净、整洁。

（7）所有过程严禁烟火。

三、实训设备及耗材

实训车一辆，汽车维修工具箱一套，汽车维修工具车一辆，机油与四滤若干。

四、基础知识

1. 机油滤清器

机油滤清器（图2.1）是内燃机的一个部件，在润滑系统中起着十分重要的作用。它可将发动机在燃烧过程中产生并混入机油中的金属磨屑、碳粒及机油逐渐产生的胶质等杂质过滤掉。这些杂质会加速运动零件的磨损，易造成润滑油路堵塞。

注意事项：

（1）更换周期：每次更换机油的同时就需要更换机滤。否则，滤芯中的脏机油就会混合到新添加的机油当中，影响保养效果。全合成机油的更换周期是车辆行驶 10 000 km 或使用 1 年；半合成机油的更换周期是车辆行驶 7 500 km 或使用 6 个月；矿物质机油的更换周期是车辆行驶 5 000 km 或使用 3 个月。具体情况需要结合实际的行驶路况而定，如果行驶路况很堵，建议提前 1 000 km 或者 1 个月更换。

图 2.1　机油滤清器

（2）安装：在安装新旋转式机油滤时，先在密封圈表面涂抹一层机油，然后用手拧紧滤清器，无把握时，也可启动一下发动机，运转 2～3 min，看有无漏油。

2. 空气滤清器

如果将汽车比作人的身体，那么空气滤清器（图 2.2）就如同肺叶，过滤空气中的杂质，为发动机提供新鲜的空气，保证其正常的运转。如果缺少空气滤清器，空气中的有害物质会被吸入，给缸筒、活塞组件增加负担，出现异常磨损，导致发动机性能劣化、寿命缩短。

图 2.2　空气滤清器

注意事项：

（1）更换周期：建议车主每行驶 10 000 km 更换一次空气滤清器。经常在恶劣环境中工作的车辆应当行驶不超过 10 000 km 更换一次。

（2）清洁：要控制行驶 5 000 km 内清洁，清洁时注意不能使用水刷洗，应使用压缩空气从滤芯内部向外吹，进行除尘。

（3）使用寿命：一般轿车的空调滤清器为 20 000～30 000 km。

3. 汽油滤清器

汽油滤清器（图 2.3）的主要功能是滤除汽油中的杂质。如果汽油含杂质过高，就容易出现发动机内部积炭、死火、动力下降等问题，另外还会产生油耗问题。当汽油滤清器过滤的效果不佳时，汽油在喷射进燃烧室内是不完全燃烧的，此时达不到理想车速，那么驾驶员会很自然地深踩加速踏板，油耗就跟着上来了。

图 2.3 汽油滤清器

注意事项:

(1)更换周期:汽油滤清器主要分为外置和内置两种。外置滤芯一般 20 000 km 更换一次;内置滤芯大概行驶 60 000 km 更换一次。内置滤芯是安装在油箱内的,因为对操作有较高的要求,而且要打开油箱才能更换,存在很大的安全隐患,所以要特别小心。

(2)更换准备:在更换汽油滤清器之前,应该按照汽车制造商指定的操作规程释放燃油系统中的压力。

(3)养护或更换时,严禁吸烟和使用明火;如需使用照明灯,一定要确保所使用的照明灯是符合职业健康安全标准的;更换燃油滤清器必须在发动机冷机状态下进行,因为发动机热机时排出的高温废气也能够把燃油点燃。

4. 空调滤清器

空调滤清器(图 2.4)主要过滤从外界进入车厢内部的空气,提高空气洁净度,一般的过滤物质是指空气中所包含的杂质,如微小颗粒物、花粉、细菌、工业废气和灰尘等。除了过滤空气,空调滤清器还能有效防止玻璃雾化。

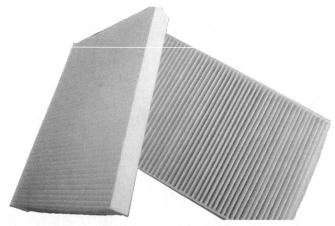

图 2.4 空调滤清器

注意事项:

(1)更换周期:空调滤清器的更换周期一般为汽车行驶 8 000~10 000 km,也可根据行车的外界环境来定,如果环境干湿度对比大,常年气候干燥,风沙大,应提前更换。

(2)观察:如果发现空调吹出的空气流显著减少,则表示空调滤芯可能堵塞,应考虑清洁或者更换滤芯。

五、实训内容

(1)更换汽车机油。

(2)更换机油滤清器。

(3)更换空气滤清器。

(4)更换汽油滤清器。

更换机油和机油滤芯的具体操作流程如下。

步骤一:首先把车停好熄火,拉驻车制动,手动挡需要卡入挡位,而自动挡需要挂入 P 挡,在车轮的后方垫块东西避免后溜;装有发动机下护板车辆,需确认是否预留机油放油口和机滤更换口(图 2.5),如没有预留,需准备拆护板工具。

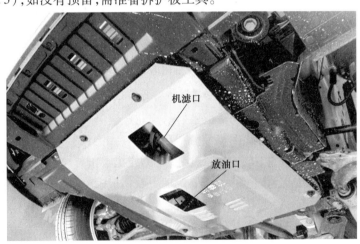

图 2.5　机油放油口和机滤更换口

步骤二:放旧机油。

①重力更换机油。

a. 放掉旧油:发动机放油口在发动机油底壳底部,需要依靠举升机、地沟或爬入车底拆下油底螺丝,依靠重力排出旧油。

b. 油底螺丝:常见的油底螺丝有六方、内六角、内花等形式(图 2.6),所以放油前请先确认油底螺丝,准备相关套头。

c. 拆下油底螺丝:油底螺丝顺时针为松,逆时针为紧。螺丝在即将脱离油底壳时,用提前准备好的接油装置准备接油,然后脱离螺丝放出旧油(图 2.7)。

d. 旧油排净,用干净抹布清理放油口,装回油底螺丝并再次清洁。

图2.6　放油螺栓

图2.7　放出旧油

注意事项：

a. 拆油底螺丝严禁使用活扳手,用活扳手容易拧花螺丝。

b. 放油前,提前拧松机油盖会让旧机油流得更顺畅。

c. 旋紧油底螺丝时需要注意力度,带紧就好,避免拧花丝扣。

d. 有些油底螺丝有铜垫片防止漏油,需要定期更换(油底螺丝也需要定期更换)。

e. 放出的旧机油请妥善处理,严禁随意倾倒,避免污染环境。实在找不到地方的话,装在废机油桶里,送到修理厂交由相关人员处理。

②真空泵抽油机更换机油。

用真空抽油机接上抽油管,从机油加注口或油尺深入发动机内部,将旧机油抽走(图2.8)。

真空抽油机以电动为主,一般几十元就能买到,通常是从点烟器接电或蓄电池接电。

注意事项：

a. 需要先热车几分钟,这样比较容易抽取。

b. 如果被保养车辆是电子油尺或机油加注口有挡板,就不能使用真空抽油机更换。

c. 真空抽油机使用的是蓄电池电量,若担心长时间使用造成亏电,也可使用12 V外接电源。

d. 最好对发动机机油量做到心中有数,抽取时用旧机油桶准确测量,确保旧油被抽净。

e. 用真空抽油机换油几次以后建议补充一次重力换油,这样可以更好地清除油底壳附着的沉积物。

图2.8　抽油机更换机油

步骤三:更换机油滤芯。

机油滤芯有两种,分别是纸质滤芯和铁质滤芯。纸滤芯通常在发动机上面,铁滤芯通常在发动机下面或侧面。铁滤芯需要专用工具来拆卸,比如,机滤碗(配合棘轮扳手)或链条扳手都可以;而纸滤芯一般用大尺寸套头配合棘轮扳手就可以拆卸,拆掉机滤盖,拔下纸滤芯即可。

机滤碗相比于链条扳机滤碗的优点是受力均匀,不容易将机滤拧变形;缺点是尺寸固定,不同车型需要不同机滤碗。

链条扳手的优点是通用性强,一个扳手可以拆卸不同尺寸机滤;缺点是极易将机滤拧变形,所以不推荐新手使用。

注意事项:拧机滤也是顺时针为松,逆时针为紧;更换新的机滤后,应用干净抹布清理油渍。

具体操作流程如下。

①铁滤芯:拧入新滤芯之前,需要打开新机油包装,向机滤内倒入三分之二的机油,并用新机油润滑密封胶条。

②纸滤芯:纸滤芯如图2.9所示,机滤盖上的密封胶条要同机滤一起换掉(在纸机滤包装内有新的密封条),并用新机油润滑密封胶条密封。

图2.9　纸滤芯

注意事项:拧紧滤芯时要注意力道适中,太松会渗,太紧会损坏密封胶条并造成下一次更换时拆卸困难。

步骤四:加注新机油,如图2.10所示。

将已开封的新机油从机油加注口加入,到指定量即可,然后拧紧机油盖。在不确定机油量加注时需检查机油尺,机油量必须在机油尺上下刻度之间,过多或过少都会对发动机造成损伤。

图 2.10　加注新机油

步骤五:检查。

首先,检查发动机上有无遗漏的工具,确保各个部件(机滤、油底螺丝、机油盖等)安装到位。然后,让发动机运行 1 min 后熄火。最后,检查机油滤芯、油底螺丝处是否有机油渗漏,如有渗漏说明未拧紧,需重新拧紧后再次检查,发动机静置几分钟后重新用机油尺检查机油量。

步骤六:收尾。

检查是否有遗漏,清理盘点工具;将换下的旧空滤及各种包装纸扔进垃圾箱;将换下的旧机油、旧机滤妥善处理;关闭前机盖并确定锁死机盖锁;重新着车,绕车一周进行检查。

因内置汽油滤芯更换要打开油箱,过程烦琐,不建议作为学习项目,故本书以外置汽油滤芯更换为例进行说明。另外,空气滤芯和空调滤芯更换相对简单,本书不作专门说明,由实训老师讲解。

外置汽油滤芯更换的具体操作流程如下。

步骤一:分别拆卸如图 2.11 所示的连接到发动机的供油管、连接到燃油箱的供油管和回油管。

图 2.11　汽油滤芯连接管路

步骤二:松开管路时按住卡环,拆下紧固螺栓。

步骤三:拆下旧滤清器。

步骤四:安装新滤清器,注意燃油流动的方向,接头不可混淆。滤清器壳体上的销钉必须嵌入滤清器支架上导向件的凹口中。

步骤五:启动发动机,检查是否有燃油泄漏。

小组成员分工及故障分析

小组成员分工及故障分析
成员分工
项目分析
实施计划

实 训 数 据 记 录

姓名			班级	
学号			指导教师	
组员				
汽车 VIN 码				

汽车品牌		汽车车型		汽车年代	

工具选择	

数据记录及结果分析	

实训报告

　　请在下方空白处写出本节课您所掌握的知识内容、本人工作任务、完成情况、实训感想等方面的内容。

实训评分表

姓名		班级		学号		指导教师		组别	
评分项目		评分内容				分值	个人评分	小组评分	教师评分
工具、场地准备		场地干净整洁,符合作业要求				5			
		通用及专用工具准备齐全、正确				5			
专业知识学习		学习态度端正,认真积极				5			
工具设备的选择与使用		检修与维修工具设备选择正确、合适				5			
		工具设备使用正确,操作规范				10			
操作实施		按操作要求实施操作				25			
		操作正确、有序				10			
		零部件拆装无破损				5			
总结报告		数据记录完成,符合实际情况				5			
		实训报告客观、务实				5			
团队协作能力		小组成员分工明确				5			
		团队协作,共同完成实训操作				5			
安全		安全操作,未出现人身危险情况				5			
		工具设备使用安全,未损坏				5			
总分						100			

组长：   日期：

项目 3
扒胎机的使用和车轮动平衡

对于汽车来说,轮胎是既重要又容易磨损的部件,因此,更换轮胎是汽车维保中的常见项目。更换轮胎,我们会用到扒胎机,将轮胎从轮辋上分离出来。更换完毕后,又会使用动平衡机来保证车辆的行驶稳定性。

一、实训目的

1. 知识目标

(1)掌握各个轮胎参数的意义。
(2)理解扒胎机的作用和特点。
(3)理解动平衡的原理。

2. 能力目标

(1)能正确识别原厂轮胎的参数。
(2)能使用扒胎机更换轮胎。
(3)能够给更换后的车轮做动平衡。

3. 素质目标

(1)提高学生团队协作能力。
(2)提高学生独立思考及问题分析能力。
(3)提高学生知识学习及实践操作能力。

二、实训要求及注意事项

1. 使用器具要求及注意事项

（1）按操作规程使用扒胎机和动平衡机。
（2）在实训老师的指导下完成实训内容。

2. 安全操作要求及注意事项

（1）由指导教师驾驶汽车，学生严禁驾驶汽车。
（2）使用仪器设备进行汽车检测时，应严格遵守仪器设备的安全操作规程。
（3）汽车检测与维修操作前，需要对现场及周围进行安全确认，否则严禁进行相关操作。
（4）汽车检修时，必须仔细对汽车零部件进行检查，防止出现漏件情况。
（5）汽车运行时，严禁在危险区域工作，多人同时进行检测操作时，严禁随意移动汽车，同时应有专人协调，确认安全。
（6）检修结束后，参加检修的人员应负责车辆清理及环境清理，并保持环境干净、整洁。

三、实训设备及耗材

扒胎机一台，动平衡机一台，组合工具一套，实训车一辆。

四、基础知识

1. 轮胎参数

轮胎参数如图 3.1 和图 3.2 所示。

2. 扒胎机

扒胎机，也叫轮胎拆装机，其使得汽车维修过程中能更方便、顺利地拆卸轮胎。目前拆胎机种类众多，有气动式和液压式两种。最常用的是气动式拆胎机。
操作规程：
（1）轮胎机电源必须处于正常状态，非工作状态下电源处于关闭位置；内机气压处于正常压力，非工作状态下不连接风管。
（2）更换轮胎之前检查轮胎框有没有变形，气嘴有没有漏气和裂纹。
（3）拧开气嘴把轮胎气压放掉，把轮胎置于压缩臂中间，操作压缩臂使轮胎两边与轮框分离。

图 3.1　轮胎规格参数

图 3.2　轮胎表面参数

（4）操作各开关反轮胎拆下。

（5）新轮胎装上时轮胎标志向上，操作各开关装上轮胎。

（6）装配完之后各开关置于关闭位置。

3.动平衡机

汽车的车轮是由轮胎、轮毂组成的一个整体（图 3.3）。车轮本应是个中心对称部件，但由于制造原因，使这个整体各部分的质量分布不可能非常均匀，当汽车车轮高速旋转起来后，就会形成动不平衡状态，造成车辆在行驶中车轮抖动、转向盘振动的现象。

为了避免这种现象或是消除已经发生的这种现象，就要使车轮在动态情况下通过增加配重的方法，使车轮校正各边缘部分的平衡。这个校正的过程就是人们常说的动平衡。也就是通常所说的加装平衡块。平衡块用铅合金做成，以克为单位，计有 5 g、10 g、15 g 等，不要以为其质量小，当车轮高速转动时就会产生很大的离心力。平衡块上有一个钢钩，可嵌扣在轮圈边缘上。

造成轮胎不平衡的原因：

①轮毂、制动鼓(盘)加工时轴心定位不准,加工误差大,非加工面铸造误差大,热处理变形,使用中变形或磨损不均。

②轮毂螺栓质量不等,轮毂质量分布不均或径向圆跳动,端面圆跳动太大。

③轮胎质量分布不均,尺寸或形状误差太大,使用中变形或磨损不均,使用翻新胎或垫、补胎。

④并装双胎的充气嘴未相隔180°,单胎的充气嘴未与不平衡点标记相隔180°安装。

⑤轮毂、制动鼓、轮胎螺栓、轮辋、内胎、衬带、轮胎等拆卸后重新组装成轮胎时,累计的不平衡质量或形位偏差太大,破坏了原来的平衡。

需要做动平衡的几种情况：

①更换新胎或发生碰撞事故维修后。

②前后轮胎单侧偏磨。

③驾驶时转向盘过重或飘浮发抖。

④直行时汽车向左或向右跑偏。

⑤虽无以上状况,稳妥起见,建议新车在驾驶3个月后,半年或行驶10 000 km做一次。

图3.3 动平衡机

五、实训内容

(1)正确识别轮胎型号,读懂轮胎上各主要参数的意义。

(2)使用扒胎机更换轮胎。

①车轮与轮胎的拆装。

a.拆下轮胎前应做相应标记,以便在维护中实施轮胎换位,分解时应拆下气门芯,放净轮胎内空气(图3.4)。

图 3.4　拆卸气门芯

b. 使用扒胎机压下轮胎正反面,使之与轮辋初步分离(图 3.5、图 3.6)。

图 3.5　分离轮胎正面轮辋

图 3.6　分离轮胎反面轮辋

c. 将轮胎放置于扒胎机转盘上(图 3.7)。

注意事项:使用机器卡紧钢圈,务必保持轮胎呈平行状态。

d. 配合扒胎机拆装工具,用撬棒撬出弹性挡圈(图 3.8)。

e. 踩下扒胎机旋转踏板,转动扒胎机转盘,轮胎正面拆卸完毕。

轮胎反面拆装,请参考上述步骤,注意拆卸时要时刻注意人身以及轮胎安全,严格按照科学合理的步骤实施。

②装配、充气。

a. 分辨轮胎正反面。

注意事项:有轮胎日期面朝向钢圈正面。

b. 在轮胎正反两面边圈面涂少许轮胎专用润滑脂,将轮胎斜置放入钢圈中。

(a)

(b)

(c)

图 3.7　轮胎置于扒胎机转盘上

c.把轮胎套入轮辋上,注意气门嘴位置,切勿损伤气门嘴,然后再摆正轮胎。

d.首先装配轮胎反面,再次装配轮胎正面。

注意事项:不同的轮胎和车轮不能混装,不同种类的挡圈和锁圈也不能混装;注意轮胎的充气压力;所有装配步骤完成后应当检查轮胎有无漏气现象;所有检查步骤完成后拧紧气门嘴盖帽。

e.从扒胎机上取下轮胎(图3.9)。

注意事项:取下轮胎的姿势,右手握住轮胎正面中心圈,左手抬住轮胎反面。如果力气过小,可用右腿膝盖处抬住轮胎反面,这样较为安全和省力。

f.切断相关电源。

注意事项:装配车辆时注意螺母的拧紧力矩,一般车轮轮胎螺丝力矩为 110~120 N·m。

(3)给车轮做动平衡。

做动平衡需要4个步骤:

①把标志拆掉,把轮子装上动平衡仪,选择合适大小的固定器。先把动平衡仪上的尺子拉出来,测量,然后输入第一个控制器。

②把弯尺拿出,测量轮辋宽度,同样在第二个控制器上输入。

（a）　　　　　　　　　　　　　　（b）

（c）　　　　　　　　　　　　　　（d）

图 3.8　撬棒拆出弹性挡圈

③在控制器输入轮辋直径,按"START",开始检测。

④当检测停止后,电脑会测量出轮辋内外侧需要增加的砝码重量,先装外侧,转动轮胎,根据提示把砝码敲打上。

动平衡是只对单个轮胎而言,目的是使轮胎在转动时自身不发生重心的偏转。做动平衡时只要把轮胎拆下来,上动平衡机,转一下,看机器显示的数值,在轮毂两边同时敲上与数值对应质量的平衡块(一个带扣的小锡块,上面标好了质量)(图 3.10)。但要注意的是,比如左右分别显示 10、15,就应同时在左右分别敲上重 10 和 15 的两个平衡块,而不能只在右侧敲一块重 5 的平衡块,那是达不到要求的。

图 3.9　取下轮胎

图 3.10　敲上配重块

　　应当定期用动平衡检测仪对轮胎做检查。轮胎平衡分为动态平衡和静态平衡两种。动态不平衡会使车轮摇摆,令轮胎产生波浪形磨损;静态不平衡会产生颠簸和跳动现象,往往使轮胎产生平斑现象。因此,定期检测平衡不但能延长轮胎寿命,还能提高汽车行驶时的稳定性,避免在高速行驶时因轮胎摆动、跳动,失去控制而造成交通事故。

小组成员分工及故障分析

小组成员分工及故障分析
成员分工
项目分析
实施计划

实训数据记录

姓名		班级	
学号		指导教师	
组员			
汽车 VIN 码			

汽车品牌		汽车车型		汽车年代	

工具选择	

数据记录及结果分析	

实训报告

请在下方空白处写出本节课您所掌握的知识内容、本人工作任务、完成情况、实训感想等方面的内容。

实训评分表

姓名		班级		学号		指导教师		组别	
评分项目		评分内容				分值	个人评分	小组评分	教师评分
工具、场地准备		场地干净整洁,符合作业要求				5			
		通用及专用工具准备齐全、正确				5			
专业知识学习		学习态度端正,认真积极				5			
工具设备的选择与使用		检修与维修工具设备选择正确、合适				5			
		工具设备使用正确,操作规范				10			
操作实施		按操作要求实施操作				25			
		操作正确、有序				10			
		零部件拆装无破损				5			
总结报告		数据记录完成,符合实际情况				5			
		实训报告客观、务实				5			
团队协作能力		小组成员分工明确				5			
		团队协作,共同完成实训操作				5			
安全		安全操作,未出现人身危险情况				5			
		工具设备使用安全,未损坏				5			
总分						100			

组长：   日期：

项目 4
四轮定位

轿车的转向车轮、转向节和前轴三者之间的安装具有一定的相对位置,这种具有一定相对位置的安装称为转向车轮定位,也称前轮定位。前轮定位包括主销后倾(角)、主销内倾(角)、前轮外倾(角)和前轮前束四个内容。这是对两个转向前轮而言,对两个后轮来说也同样存在与后轴之间安装的相对位置,称为后轮定位。后轮定位包括车轮外倾(角)和逐个后轮前束。前轮定位和后轮定位总起来说称为四轮定位。

一、实训目的

1. 知识目标

(1)掌握四轮定位的意义和作用。
(2)掌握需要做四轮定位的情况。
(3)掌握四轮定位各参数的含义。

2. 能力目标

(1)能判断车辆是否需要做四轮定位。
(2)能运用四轮定位仪给车辆做四轮定位。

3. 素质目标

(1)提高学生团队协作能力。
(2)提高学生独立思考及问题分析能力。
(3)提高学生知识学习及实践操作能力。

二、实训要求及注意事项

1. 使用器具要求及注意事项

(1)按操作规程使用四轮定位仪。

(2)四轮定位仪每年需要进行一次校准标定。

(3)各传感器的安装顺序和连线方法,按照屏幕提示进行校准标定。

(4)为确保标定结果正确,必须仔细进行每一步骤操作。

(5)汽车四轮定位仪校准标定完毕,打印数据附在校准标定记录上。

2. 安全操作要求及注意事项

(1)由指导教师驾驶汽车,学生严禁驾驶汽车。

(2)使用仪器设备进行汽车检测时,应严格遵守仪器设备的安全操作规程。

(3)汽车检测与维修操作前,需要对现场及周围进行安全确认,否则严禁进行相关操作。

(4)汽车检修时,必须仔细对汽车零部件进行检查,防止出现漏件情况。

(5)汽车运行时,严禁在危险区域工作,多人同时进行检测操作时,严禁随意移动汽车,同时应有专人协调,确认安全。

(6)检修结束后,参加检修人员应负责车辆清理及环境清理,并保持环境干净、整洁。

三、实训设备及耗材

实训车一辆,四轮定位仪一台,组合工具一套。

四、基础知识

车辆的四轮、转向机构、前后车轴之间的安装应具有一定的相对位置,这个相对位置由厂家制定标准值。调整恢复这个位置的安装,就是四轮定位。

(1)什么情况下要做四轮定位?

①车辆的行驶性能受到了影响(驾驶者感受最为直接的是跑偏,打方向不自动回轮)。

②因事故造成底盘及悬架的损伤。

③轮胎出现磨损异常(但也要考虑是否因胎压不正常才导致了异常磨损,一般情况下,胎压过高会加剧胎面中央的磨损,而胎压过低会加剧胎面两侧的磨损;如果一侧出现偏磨,则有可能是外倾角出现偏差;因前束导致的异常磨损下及会提及)。

④车桥以及悬架的零件被拆下过。

(2)四轮定位调整哪些数据?

对于负责车辆转向的前轮在定位上比较复杂,定位参数有主销后倾、主销内倾、车轮外倾、前束这四项,而后轮的定位参数则主要是前束和外倾。

①主销后倾(图4.1)。

作用:直线稳定性,转向回正。

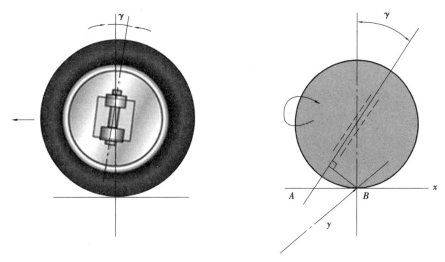

图4.1 主销后倾

从车辆侧面看,主销轴线(车轮转向的中心轴)并不是完全垂直于地面,而是略向后倾斜,主销轴线与垂线之间存在的夹角便是主销后倾角(图4.2)。主销后倾的存在使车轮在转向时,与路面接触的轮胎胎面左右两侧及轮胎侧壁会发生挤压变形,产生反向的作用力,使车轮产生自行回正的趋势,主销后倾角越大,车轮的行驶稳定性越好,回正作用越明显,但是相应地,转向时转动转向盘也就越费力。

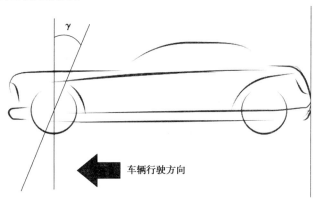

车辆行驶方向

图4.2 主销后倾角

在大多数车辆上,主销后倾角不超过3°,不过主销后倾角会随着车辆姿态和行驶状态变化而变化,与悬架当时的行程和车轮的状态有关,例如紧急制动时,车辆的主销后倾角可能会接近于零甚至可能出现负值。所以很多车辆在直线行驶紧急制动的情况下会出现车辆的直线行驶稳定性变差(即使有 ABS)。

②主销内倾。

作用:稳定性,转向回正。

从正前方看去(即横向平面内),车辆主销轴线与垂线也存在一定角度,且上端向内倾斜,这便是主销内倾,主销轴线与垂线间的夹角便称为主销内倾角(图4.3)。

由于主销内倾角的存在,使车轮转向时的趋势是车轮整体下移,但是由于日常行驶的铺装路面均为硬质路面,因此呈现出的效果就成为:转向时,车轮会因抵抗重力而将车头抬起,而当转向力消失时,车轮便会在重力的作用下自动回正。主销内倾角越大,这种回正作用越明显,但是角度过大也会造成轮胎的过度磨损,这个角度通常为5°~8°。

主销内倾与主销后倾同样是提供回正力和行驶稳定性的设计,但是两者的差别在于,主销内倾的回正力与行驶速度无关,而主销后倾的回正作用则是车速越快作用越明显,因此,高速行驶时,主销后倾的稳定和回正作用起主导地位,而低速行驶时,则是主销内倾的作用起主导地位。

③车轮外倾(负外倾)(图4.4)。

作用:增大轮胎接触面,抵消不良影响。

车轮外倾,顾名思义,即车轮由中心线向外倾斜,车轮旋转平面与纵向垂直平面间的夹角便是车轮外倾角。车轮中心线与垂线间的夹角 α 便是车轮外倾角,车轮向外倾斜时外倾角为正。需要注意的是,外倾角过大同样会导致轮胎横向偏磨增加。

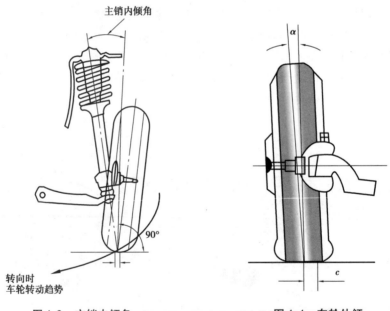

图4.3 主销内倾角   图4.4 车轮外倾

如果车辆在空载状态下保持车轮垂直于路面的状态,那么当加上负载甚至满载时,由于悬架行程压缩及变形、活动面间隙减少,车轮便会呈现"八"字的"内倾"状态,使轮胎磨损增加,并且对轮毂轴承造成较大负担,为了减少这种影响,便设计了"车轮外倾"这个提前量来抵消"内倾"的出现,这样在车辆加上载荷之后,车轮便能以更好的角度与路面接触,减少了偏磨和轴承的负担。不过,过大的外倾角也会导致轮胎的横向偏磨增加,不少车主所说的"啃胎"就与原厂的车轮外倾角设定不合理有关。

但是,并不是所有的车辆都采用车轮外倾的设计,很多高性能车、赛车和改装车的设定就是"八字"的"负外倾"(内倾)状态,因为高性能车辆更多考虑的是车辆高速过弯时离心作用造成的影响,车轮在弯道高速行驶时,由于离心作用造成轮胎变形并产生外倾的趋势,使轮胎只有外侧能够与路面接触。因此工程师用初始的"内倾"设定来抵消这种不良影响,这样一来高性能车辆在弯道当中就能够更多地利用到轮胎中部甚至内侧胎面,增大接触面积,提升过弯的极限。

④前束(前展)(图4.5)。

作用:抵消车轮外倾(内倾)造成的不利影响。

虽然车轮外倾抵消了车辆负重时的一些不良影响,但是这种设计本身也存在弊端。外倾的设定使两侧的车轮向外张开,无法平行滚动,行驶时会产生滑动,因此才有了"前束"。

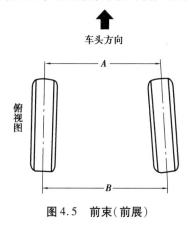

图4.5　前束(前展)

$A<B$ 时,称为前束(抵消车轮外倾的影响)。

$A>B$ 时,称为前展(负前束,抵消车轮内倾的影响)。

$B-A=$前束值。

两个前轮前端的距离小于后端,这就是前束,前束的作用是能够抵消因外倾导致的两侧车轮向外张开的状态,前束状态下造成的两侧车轮向内侧的滑动也会与外倾导致的滑动相抵消,使车轮基本能够以无滑动的方式平行向前滚动。而车轮前端距离大于后端时,称为负前束(或前展),这种设定是为了抵消车轮内倾带来的不良影响,同样是为了车轮能够平行地向前滚动。

五、实训内容

给实训车做四轮定位(图4.6)。

汽车四轮定位仪的使用方法及注意事项如下。

(1)上车前准备工作。

在被测车辆开上举升机之前,需要检查四个车轮的胎压是否符合标准胎压,轮胎花纹是否严重磨损,确定举升机两个承载板的宽度与被测车辆的前、后轴距是否一致,然后将举升机降至最低点,确保转角盘和后滑板的固定销都插好之后,再将被测车辆开上举升机。

图4.6 四轮定位

车辆在举升机上应处于正前方向,不要使车身歪斜,车辆的两前轮要落在两转角盘的中心,同时转角盘的圆盘要均匀分布在轮胎的两侧。

车辆熄火后,拉驻车制动,摇下左前侧车窗玻璃,驾驶员离开车辆。

(2)安装卡具。

首先调整下方两个尼龙爪到合适的位置,然后调节两个卡臂的伸出长度。将下方的两个尼龙爪顶在钢圈凸起的外沿,然后松开上方尼龙爪的旋钮,调整它的位置,使之也顶在钢圈凸起的外沿,然后再拧紧旋钮。

下一步是用两手同时推动卡具上的活动杆,使卡臂能够卡在轮纹内,然后挂上安全钩,检查卡具是否安装牢固。

(3)安装定位仪。

将四个传感器按照对应车轮的位置安装到卡具上。

要注意在传感器的定位轴上涂抹稀的润滑油(不能涂黄油),以防止长时间插拔后造成定位轴磨损,无法准确安装到位,影响测量精度。

把电缆插头上的箭头和插座上的箭头标记对好之后可以直接插入。四根电缆的差别只是长度不同,两根6.5 m的电缆用来连接定位仪和两个前轮上的传感器,两个4.5 m的电缆用在前后传感器之间互相连接。每个传感器上有3个插座,上面两个是完全一样的,最下面的一个用来连接转角盘。

电缆连接好之后,拔掉转角盘和后滑板上的固定销。将车辆举升后落到举升机最低一格的安全锁止位置,以保证举升平台处在水平状态。然后按计算机给出的流程操作即可。

小组成员分工及故障分析

小组成员分工及故障分析
成员分工
项目分析
实施计划

实训数据记录

姓名		班级	
学号		指导教师	
组员			
汽车 VIN 码			
汽车品牌		汽车车型		汽车年代	

工具选择	

数据记录及结果分析	

实 训 报 告

请在下方空白处写出本节课您所掌握的知识内容、本人工作任务、完成情况、实训感想等方面的内容。

实训评分表

姓名		班级		学号		指导教师		组别	
评分项目		评分内容			分值	个人评分	小组评分	教师评分	
工具、场地准备		场地干净整洁,符合作业要求			5				
工具、场地准备		通用及专用工具准备齐全、正确			5				
专业知识学习		学习态度端正,认真积极			5				
工具设备的选择与使用		检修与维修工具设备选择正确、合适			5				
工具设备的选择与使用		工具设备使用正确,操作规范			10				
操作实施		按操作要求实施操作			25				
操作实施		操作正确、有序			10				
操作实施		零部件拆装无破损			5				
总结报告		数据记录完成,符合实际情况			5				
总结报告		实训报告客观、务实			5				
团队协作能力		小组成员分工明确			5				
团队协作能力		团队协作,共同完成实训操作			5				
安全		安全操作,未出现人身危险情况			5				
安全		工具设备使用安全,未损坏			5				
总分					100				

组长:　　　　　　　　　　　　　　　　　日期:

项目 5
更换刹车片

刹车片也叫刹车皮。在汽车的刹车系统中,刹车片是最关键的安全零件,所有刹车效果的好坏都是刹车片起决定性作用,所以说好的刹车片是人和汽车的保护神。

刹车片一般由钢板、隔热层和摩擦块构成,钢板要经过涂装来防锈,涂装过程中用 SMT-4 炉温跟踪仪来检测温度分布以保证质量。其中隔热层是由不传热的材料组成,目的是隔热。摩擦块由摩擦材料、黏合剂组成,刹车时被挤压在刹车盘或刹车鼓上产生摩擦,从而达到车辆减速刹车的目的。由于摩擦作用,摩擦块会逐渐被磨损,一般来讲成本越低的刹车片磨损得越快。

刹车片没有固定的更换周期,更换与否取决于车辆行驶的路况,试机刹车的频率和力度。通常,汽车行驶 30 000 ~ 60 000 km 不等就需要更换刹车片。

一、实训目的

1. 知识目标

(1)掌握刹车原理。
(2)学会判断是否需要更换刹车片。

2. 能力目标

能够进行刹车片更换。

3. 素质目标

(1)提高学生团队协作能力。
(2)提高学生独立思考及问题分析能力。
(3)提高学生知识学习及实践操作能力。

二、实训要求及注意事项

1. 使用器具要求及注意事项

更换完刹车片后要检查是否安装妥当,有无出现装反、装斜,活塞是否工作正常,动作是否灵活;通过试车检查刹车是否工作正常。

2. 安全操作要求及注意事项

(1)由指导教师驾驶汽车,学生严禁驾驶汽车。

(2)使用仪器设备进行汽车检测时,应严格遵守仪器设备的安全操作规程。

(3)汽车检测与维修操作前,需要对现场及周围进行安全确认,否则严禁进行相关操作。

(4)汽车检修时,必须仔细对汽车零部件进行检查,防止出现漏件情况。

(5)汽车运行时,严禁在危险区域工作,多人同时进行检测操作时,严禁随意移动汽车,同时应有专人协调,确认安全。

(6)检修结束后,参加检修人员应负责车辆清理及环境清理,并保持环境干净、整洁。

三、实训设备及耗材

刹车片数对,实训车一辆,汽车维修工具箱一套,汽车维修工具车一辆。

四、基础知识

刹车原理

常规汽车液压刹车系统(图5.1)包括:

(1)操控系统:踏板、驻车制动等。

(2)液压系统:由液压油、刹车泵、液压油管组成。

(3)助力系统:真空助力泵。

(4)电子控制系统:由 ABS 泵、ABS 传感器、ABS 电脑组成。

(5)执行系统:由刹车钳、刹车片、刹车盘组成。

常见轮胎制动器分为鼓式刹车和盘式刹车。

鼓式刹车(图5.2)主要是利用制动液推动摩擦片与制动鼓摩擦进行刹车。

盘式刹车(图5.3)主要是通过制动液推动制动钳收缩,压紧制动盘摩擦进行刹车。

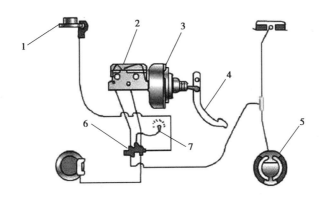

图 5.1　汽车液压刹车系统

1—前轮盘式制动器;2—制动总泵;3—真空助力器;4—制动踏板机构;
5—后轮鼓式制动器;6—制动组合阀;7.制动警示灯

图 5.2　鼓式刹车

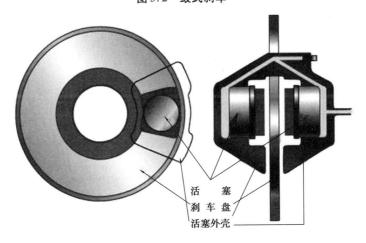

活　　塞
刹 车 盘
活塞外壳

■ 摩擦垫片　　■ 液压油

图 5.3　盘式刹车

五、实训内容

因更换鼓刹刹车片较为复杂,不利于初学者学习,故本书以盘式刹车片更换为例进行说明。

操作步骤：

（1）使用千斤顶在车辆的举升位置顶起车辆的一侧。车辆举升位置是指专用于举升车辆的车身部位，一般位于前轮后方以及后轮前方的车身"大梁"上。车辆举升位置一般会有一个巴掌大凸起的橡胶垫，用手触摸很容易就能摸到。只需把车辆举升至需要更换刹车皮的车轮稍微离地即可。

（2）拧下所有的车轮螺栓并拆下车轮。有些使用铝合金轮圈的车辆，由于独特的车轮结构，使得拆下螺栓后，车轮依然卡在车轮的摆动轴承上。如果遇到上述情况，可以尝试用脚往里踹轮胎胎侧上缘或者用手向内轮流用力拍打轮胎胎侧的前缘和后缘，这样有助于轮胎的脱出。

（3）拆下的车轮抵在刹车盘下方，以防液压千斤顶泄压而使车辆倒下造成人员伤亡。

一般车辆使用的盘式制动器的刹车分泵是通过两个螺栓紧固在分泵支架上，分泵支架再通过两个螺栓紧固在摆动轴承上。更换刹车皮，我们仅需拆除紧固刹车分泵的两个螺栓。

（4）松开两个螺栓后，取下刹车分泵（图5.4）。由于刹车分泵上带有软性的液压管路，因此不要太用力拉扯，将其搭在旁边的前轴悬挂上即可。

图5.4　拆卸刹车分泵

（5）打磨刹车皮，把刹车皮与刹车盘接触侧的边缘磨出倒角。在只更换刹车皮不更换刹车碟的保养操作中，如果不进行刹车皮打磨会产生刹车异响。这是因为，旧的刹车碟上面会有一个沟槽，这是旧刹车皮对刹车碟造成的磨损；旧刹车碟配上新的平整的刹车皮便会因为摩擦面过小而产生异响。当同时更换刹车皮和刹车碟时，无须打磨倒角，直接安装即可。

（6）打磨好的刹车皮需在其两侧的凸起部位涂上一些润滑脂，目的是减少新的刹车皮与分泵支架敲击产生异响。

（7）安装刹车皮前，需要把刹车分泵凸出的活塞往里推，这样才能装下较厚的新刹车皮。为了避免刹车油油壶在往里推活塞时有刹车油溢出，建议先在刹车油壶中抽出部分刹车油，更换好刹车皮后再根据油壶液位重新添加适量的刹车油。这里要注意的是，不同型号的刹车油是不能混用的（如 DOT3 和 DOT4）。

（8）把刹车皮放到分泵支架上（图5.5），注意内外侧刹车皮不能互换。然后把刹车分泵卡到分泵支架上。

（9）拧上刹车分泵螺栓,并用扭力扳手紧固(图5.6)。一般来说,刹车分泵螺栓紧固扭力为 20 ~ 30 N·m,具体参数可参看相关车型的维修手册。安装好刹车皮就可以把车轮装上,车轮装好后记得紧固车轮螺栓,车轮螺栓标准紧固扭力为 110 ~ 140 N·m,具体参数可参看相关车型的维修手册。后轮的刹车皮更换与前轮非常相似,这里不做详述。

图5.5　安装刹车皮

图5.6　紧固刹车分泵螺栓

注意事项:

（1）制动蹄片一般由铁衬板和摩擦材料两部分组成,一定不要等摩擦材料都磨没了才更换蹄片。例如捷达车的前制动蹄片,新片的厚度为 14 mm,而更换的极限厚度是 7 mm,其中包括 3 mm 的铁衬板厚度和近 4 mm 的摩擦材料厚度。一些车辆带有制动蹄片报警功能,一旦达到了磨损极限,仪表便会报警提示更换蹄片。达到使用极限的蹄片必须更换,即使尚能使用一段时间,也会降低制动的效果,影响行车的安全。

（2）更换时要换原厂备件提供的刹车片,只有这样才能使刹车片和刹车盘之间的制动效果最好,磨损最小。

（3）更换蹄片时必须使用专用工具将制动分泵顶回。不能用其他撬棍硬压回,否则易导致制动钳导向螺丝弯曲,使刹车片卡死。

（4）更换完后,一定要踩几脚刹车,以消除蹄片与制动盘的间隙,以免造成第一脚没刹车而出现事故。

（5）制动蹄片更换后,需磨合 200 km 方能达到最佳的制动效果,刚换蹄片须谨慎行驶。

小组成员分工及故障分析

小组成员分工及故障分析
成员分工
项目分析
实施计划

实训数据记录

姓名			班级		
学号			指导教师		
组员					
汽车 VIN 码					
汽车品牌		汽车车型		汽车年代	
工具选择					
数据记录及结果分析					

实训报告

请在下方空白处写出本节课您所掌握的知识内容、本人工作任务、完成情况、实训感想等方面的内容。

实训评分表

姓名		班级		学号		指导教师		组别	
评分项目		评分内容				分值	个人评分	小组评分	教师评分
工具、场地准备		场地干净整洁,符合作业要求				5			
		通用及专用工具准备齐全、正确				5			
专业知识学习		学习态度端正,认真积极				5			
工具设备的选择与使用		检修与维修工具设备选择正确、合适				5			
		工具设备使用正确,操作规范				10			
操作实施		按操作要求实施操作				25			
		操作正确、有序				10			
		零部件拆装无破损				5			
总结报告		数据记录完成,符合实际情况				5			
		实训报告客观、务实				5			
团队协作能力		小组成员分工明确				5			
		团队协作,共同完成实训操作				5			
安全		安全操作,未出现人身危险情况				5			
		工具设备使用安全,未损坏				5			
总分						100			
组长:							日期:		

项目6
发动机总体结构认识

汽油发动机由两大机构、五大系统组成,每个部分都有重要作用。然而发动机结构非常复杂,对发动机学习第一难点就是认知障碍,不清楚各部分的安装位置和具体作用。通过发动机总体结构认识,发动机初步认识,使得在后面学习中有第一印象,打破认知障碍,为学习发动机工作原理和构造打下坚实的基础。

一、实训目的

1. 知识目标

认识往复活塞式发动机的整体结构。

2. 能力目标

(1)认识两大机构和五大系统的组成、主要部件的名称、安装位置。
(2)熟悉曲柄连杆机构和配气机构主要机件的装配关系和运动情况。

3. 素质目标

(1)提高学生团队协作能力。
(2)提高学生独立思考及问题分析能力。
(3)提高学生知识学习及实践操作能力。

二、实训要求及注意事项

1. 个人安全

（1）眼睛的防护。

在汽车维修企业中，眼睛经常会受到各种伤害，如飞来的物体、腐蚀性的化学飞溅物、有毒的气体或烟雾等，而这些伤害几乎都是可以防护的。

常见的保护眼睛的装备是护目镜和面罩。护目镜可以防护各种对眼睛的伤害，如飞来物体或飞溅的液体。在下列情况下，应考虑佩戴护目镜：进行金属切削加工、用錾子或冲子铲剔、使用压缩空气、使用清洗剂等。面罩不仅能够保护眼睛，还能保护整个面部。如果进行电弧焊或气焊，要使用带有色镜片的护目镜或深色镜片的特殊面罩，以防止有害光线或过强的光线伤害眼睛。

注意：在摘下护目镜时，要闭上眼睛，防止粘在护目镜外的金属颗粒掉进眼睛里。

（2）听觉的保护。

汽车修理厂是个噪声很大的场所，各种设备如冲击扳手、空气压缩机、砂轮机、发动机等的噪声都很大。短时的高噪声会造成暂时性听力丧失，但持续的较低噪声则更有害。

常见的听力保护装备有耳罩和耳塞，噪声极高时可同时佩戴。

（3）手的保护。

手是身体经常受伤的部位之一，保护手要从两方面着手：一是不要把手伸到危险区域，如发动机前部转动的传动带区域、发动机排气管道附近等。二是必要时应戴上防护手套。不同的场合需用不同的防护手套，金属加工用劳保安全手套，接触化学品用橡胶手套。

（4）衣服、饰物及头发。

宽松的衣服、长袖子、领带都容易被卷进旋转的机器中，所以在修理厂中，一定要穿合体的工作服，最好是连体工作服，外套、工装裤也可以，这些工作服比平时衣着安全多了。如果戴领带，则要把它塞到衬衫里。

工作时不要戴手表或其他饰物，特别是金属饰物，在进行电气维修时可能会导入电流而烧伤皮肤，或导致电路短路而损坏电子元件或设备。

在工厂内要穿劳保鞋，可以保护脚面不被落下的重物砸伤，且劳保鞋的鞋底是防油、防滑的。

长发很容易被卷入运转的机器中，所以长发一定要扎起来，并戴上帽子。

2. 工具和设备的安全使用

（1）手动工具的安全使用。

手动工具看起来是安全的，但使用不当也会导致事故，如用一字旋具代替撬棍，会导致旋具崩裂、损坏；飞溅物会打伤自己或他人；扳手从油腻的手中滑落，掉到旋转的元件上，再飞出来伤人；等等。

另外，使用带锐边的工具时，锐边不要对着自己和同事。传递工具时要将手柄朝向对方。

（2）动力工具的安全使用。

所有的电气设备都要使用三相插座,地线要安全接地,若发现电缆或装配松动应及时维护;所有旋转的设备都应有安全罩,以免部件飞出伤人。

在进行电子系统维修时,应断开电路的电源,方法是断开蓄电池的负极搭铁线,这不仅可以保护人身安全,还能防止对电器的损坏。

许多维修工序需要将车辆升离地面,在升起车辆前应确保汽车已被正确支撑,并应使用安全锁以免汽车落下。用千斤顶支起汽车时应当确保千斤顶支撑在汽车底盘大梁部分或较结实的部分。

注意:升起汽车时要先看维修手册,找到正确的支撑点,错误的支撑点不仅危险,而且会破坏汽车的结构。

工具和设备都要定期检查和保养。

（3）压缩空气的安全使用。

使用压缩空气时,应非常小心,不要玩弄它们,不要将压缩空气对着自己或别人,不要对着地面或设备、车辆乱吹。压缩空气会撕裂耳鼓膜,造成失聪;会损伤肺部或伤及皮肤;被压缩空气吹起的尘土或金属颗粒会造成皮肤、眼睛损伤。

3. 日常安全守则

（1）工具不使用时应保持干净并放到正确的位置。

（2）各种设备和工具要及时检查和保养。

（3）手上应避免油污,以免工具滑脱。

（4）启动发动机的车辆应保证驻车制动正常。

（5）不要在车间内乱转。

（6）在车间内启动发动机要保持通风良好。

（7）在车间内穿戴、着装要合适,并佩戴必要的安全防护装备,如手套、护目镜、耳塞等。

（8）不要将压缩空气对着人或设备吹。

（9）尖锐的工具不要放到口袋里,以免扎伤自己或划伤车辆。

（10）常用通道上不要放工具、设备、车辆等。

（11）正确使用工具。

（12）手、衣服、工具应远离旋转设备或部件。

（13）开车进出车间时要格外小心。

（14）在极疲劳或消沉时不要工作,这种情况下会降低注意力,有可能会导致自身或他人受到伤害。

（15）如果不知道车间设备如何使用,应先向明白的人请教,以得到正确、安全的使用方法。

（16）用举升器或千斤顶升起车辆时一定要按正确的规程操作。

（17）应知道车间灭火器、医疗急救包、洗眼处的位置。

三、实训设备及耗材

汽车发动机实训台,常用工具一套。

四、基础知识

汽车发动机由曲柄连杆机构、配气机构、供给系统、点火系统、冷却系统、润滑系统和启动系统等组成。

1.两大机构

曲柄连杆机构(图6.1)包括机体组、活塞连杆组、曲轴飞轮组等,这是发动机产生动力,并将活塞的直线往复运动转变为曲轴的旋转运动而输出动力的机构。

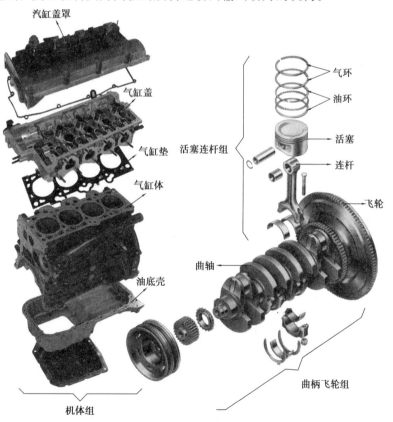

图6.1 曲柄连杆机构

配气机构(图6.2)包括气门组和气门传动组,其功用是使可燃混合气及时供入气缸并及时从气缸排出废气。

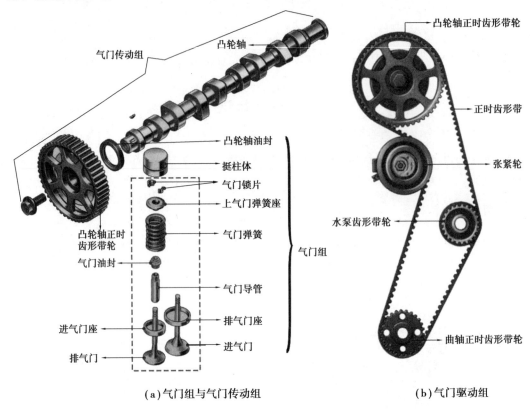

(a)气门组与气门传动组　　　(b)气门驱动组

图6.2　配气机构

(2)五大系统

供给系统(图6.3)包括燃油供给装置、空气供给装置、可燃混合气形成装置、可燃混合气供给和废气排出装置,其作用是使汽油和空气混合成比例合适的可燃混合气并供入气缸,以供燃烧,并将燃烧生成的废气排出发动机。

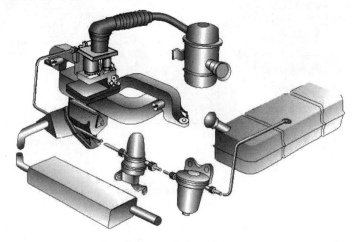

图6.3　供给系统

点火系统(图6.4)分为蓄电池点火系、半导体点火系和磁电机点火系等,其功用是保证按规定的时刻及时点燃气缸中被压缩的混合气。

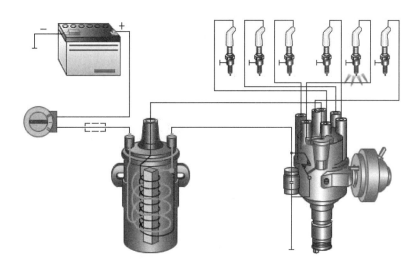

图6.4   供给系统

冷却系统(图6.5)包括水泵、散热器、风扇、分水管、气缸体放水阀、水套等。其功用是把受热机件的热量散到大气中去,以保证发动机正常工作。

润滑系统(图6.6)包括机油泵、集滤器、限压阀、润滑油道、机油滤清器等。其功用是将润滑油供给做相对运动的零件以减少它们之间的摩擦阻力,减轻机件的磨损,并部分地冷却摩擦零件,清洗摩擦表面。

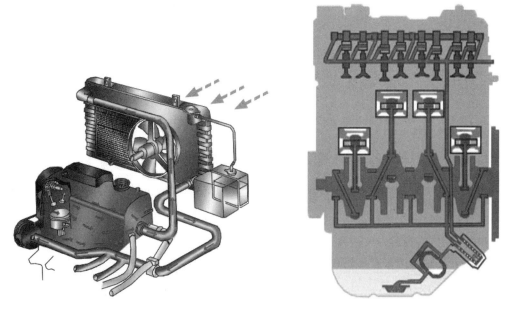

图6.5   冷却系统   图6.6   润滑系统

启动系统(图6.7)包括起动机及其附属装置,用以使静止的发动机启动并转入自行运转。

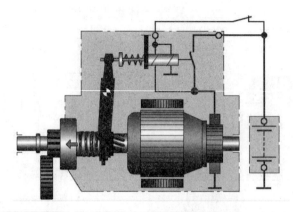

图 6.7　启动系统

五、小组分工

针对不同班级情况将学生划分成每小组不多于 10 人的多个小组,并进行任务划分。组长 1 人,主操作者 2 人,副操作者 4 人,数据记录者 2 人,资料查询及收集者 1 人。

组长:主要负责团队成员的任务安排及整体统筹工作。

主操作者:主要负责汽车检测与维修操作,仪器、设备使用等工作。

副操作者:协助主操作者完成汽车检测与维修工作。

数据记录者:在操作者进行汽车检测与维修过程中,对相关数据进行记录、整理。

资料查询及收集者:根据实训项目需要,针对相应汽车查找相关资料,提供给操作者作为参考。

汽车检测与维修前期和后期的场地清洁,工具整理,后期处理等均由团队成员共同协作完成。

六、实训内容

(1)观察发动机外表,认识各部件名称及安装位置,指出它们属于哪个机构或系统(图6.8)。

(2)拆下气门室罩盖。

(3)拆下凸轮轴驱动同步齿形带防护罩。

(4)转动曲轴,观察配气机构工作情况。

(5)拆下凸轮轴同步齿形带(图6.9)。

图6.8　汽车发动机

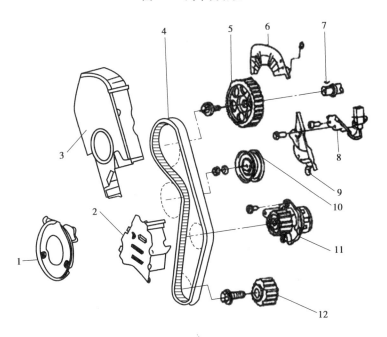

图6.9　拆卸凸轮轴同步齿形带

1—下防护罩;2—中间防护罩;3—上防护罩;4—同步带;5—凸轮轴同步带轮;6—后上防护罩;

7—半圆键;8—霍尔传感器;9—后防护罩;10—传动带张紧轮;11—水泵;12—曲轴同步带轮

（6）拆下进排气歧管。

（7）拆下气缸盖（图6.10）。

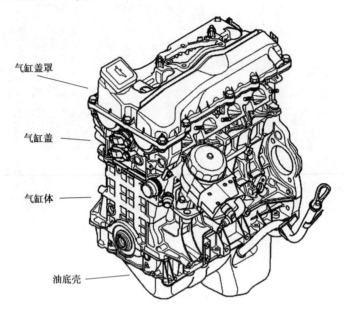

气缸盖罩

气缸盖

气缸体

油底壳

图6.10　气缸盖分解

（8）观察气门组件（图6.11）、火花塞或喷油器。

（9）拆下凸轮轴。

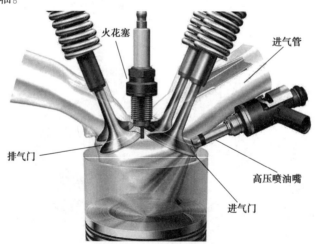

火花塞

进气管

排气门

高压喷油嘴

进气门

图6.11　凸轮轴及气门、液动挺杆的分解

（10）拆下气门组件。

（11）拆下油底壳。

（12）拆下机油泵驱动链轮和机油泵（图6.12）。

（13）拆下水泵总成（图6.13）。

图6.12　拆下链轮和机油泵　　图6.13　拆下水泵总成

（14）转动曲轴与飞轮,观察分析曲柄连杆机构的运动。

（15）拆下一组活塞连杆组,认识活塞、活塞环、活塞销、连杆、连杆轴承的名称、作用及各零件的连接关系、安装位置。

（16）按相反顺序装回发动机。

小组成员分工及故障分析

小组成员分工及故障分析
成员分工
项目分析
实施计划

实训数据记录

姓名		班级	
学号		指导教师	
组员			
汽车 VIN 码			

汽车品牌		汽车车型		汽车年代	

工具选择	
数据记 录及结 果分析	

实训报告

请在下方空白处写出本节课您所掌握的知识内容、本人工作任务、完成情况、实训感想等方面的内容。

实训评分表

姓名		班级		学号		指导教师		组别	
评分项目		评分内容			分值	个人评分	小组评分	教师评分	
工具、场地准备		场地干净整洁,符合作业要求			5				
		通用及专用工具准备齐全、正确			5				
专业知识学习		学习态度端正,认真积极			5				
工具设备的选择与使用		检修与维修工具设备选择正确、合适			5				
		工具设备使用正确,操作规范			10				
操作实施		按操作要求实施操作			25				
		操作正确、有序			10				
		零部件拆装无破损			5				
总结报告		数据记录完成,符合实际情况			5				
		实训报告客观、务实			5				
团队协作能力		小组成员分工明确			5				
		团队协作,共同完成实训操作			5				
安全		安全操作,未出现人身危险情况			5				
		工具设备使用安全,未损坏			5				
总分					100				

组长:　　　　　　　　　　　　　　　日期:

项目 7
更换正时传动带

正时传动带在长期使用过程中,会产生正常磨损和异常损伤,如果不能进行及时有效的检查、调整和更换,便有可能破坏活塞和气门正常的运动规律,甚至会出现活塞顶撞气门的严重机械事故,给发动机的工作带来严重影响。本项目以桑塔纳 2000 车型为例,介绍正时传动带的检查和更换方法。

一、实训目的

1. 知识目标

(1)熟知正时传动带的重要性。
(2)熟悉正时传动带的连接情况。
(3)掌握正时传动带更换的技术要求。

2. 能力目标

能检查、调整和更换正时传动带。

3. 素质目标

(1)提高学生团队协作能力。
(2)提高学生独立思考及问题分析能力。
(3)提高学生知识学习及实践操作能力。

二、实训要求及注意事项

(1)工具不使用时应保持干净并放到正确的位置。
(2)各种设备和工具要及时检查和保养。

（3）手上应避免油污,以免工具滑脱。

（4）启动发动机的车辆应保证驻车制动正常。

（5）不要在车间内乱转。

（6）在车间内启动发动机要保持通风良好。

（7）在车间内穿戴、着装要合适,并佩戴必要的安全防护装备,如手套、护目镜、耳塞等。

（8）不要将压缩空气对着人或设备吹。

（9）尖锐的工具不要放到口袋里,以免扎伤自己或划伤车辆。

（10）常用通道上不要放工具、设备、车辆等。

（11）正确使用工具。

（12）手、衣服、工具应远离旋转设备或部件。

三、实训设备及耗材

桑塔纳 2000 实训车一辆,汽车维修工具箱一套,汽车维修工具车一辆。

四、基础知识

1. 正时传动带的作用

正时传动带是发动机配气系统的重要组成部分,通过与曲轴的连接并配合一定的传动比来保证进、排气时间的准确。正时传动带的作用就是当发动机运转时,活塞的行程（上下的运动）、气门的开启与关闭（时间）、点火的顺序（时刻）在正时传动带的作用下,时刻保持"同步"运转。

汽车发动机工作过程中,在气缸内不断发生进气、压缩、做功、排气四个过程,并且每个步骤的时机都要与活塞的运动状态和位置相配合,使进气与排气及活塞升降相互协调起来,正时皮带在发动机里面扮演了一个"桥梁"的作用,在曲轴的带动下将力量传递给相应机件。有许多高档车为保证正时系统工作稳定,采用金属链条来替代皮带。由于车辆正时齿形皮带断裂后会造成发动机内部气门损坏,危害较大,故一般更换里程为 80 000 ~ 100 000 km,各厂家都对正时传动带规定有更换周期。

2. 正时传动带的检查

正时皮带没有破裂,并不意味着它没有问题。随着皮带越用越旧,它拉伸的程度势必超过张紧装置能够补偿的范围,因而可能产生正时链轮打滑。而轮齿磨损、有润滑油附着等也会导致打滑。

（1）检查正时传动带外表面是否有橡胶层开裂、断层、严重磨损等现象。如果有,则应更换正时传动带。正时传动带的外表面如果出现开裂、断层、断线,说明正时传动带已经老化,不宜继续使用,应予更换新品。

（2）检查正时传动带的工作面,将工作面稍作弯曲,目视检查传动是否有剪切、脱层或齿根松裂等现象。如果有,则应更换传动带。如果正时传动带出现明显损伤,则说明已经达到使用极限,继续使用就容易出现跳齿、折断,将破坏气门、活塞的运动规律,甚至会造成气门顶撞活塞的严重机械故障。

（3）检查曲轴正时齿轮,目视检查齿轮轮齿的磨损和变形,如果齿轮的齿顶和齿根出现明显的圆弧形磨损或个别齿变形,应更换正时齿轮,否则容易出现跳齿或加速齿带磨损。

（4）检查凸轮轴齿轮,凸轮轴齿轮的检查方法与曲轴正时齿轮的检查方法相同。

（5）检查张紧装置,张紧装置是否出现划伤、偏磨等损伤。如果有,则应更换张紧装置总成。

五、小组分工

针对不同班级情况将班级学生划分成每小组不多于 10 人的多个小组,并进行任务划分。组长 1 人,主操作者 2 人,副操作者 4 人,数据记录者 2 人,资料查询及收集者 1 人。

组长:主要负责团队成员任务安排及整体统筹工作。

主操作者:主要负责汽车检测与维修操作,仪器、设备使用等工作。

副操作者:协助主操作者完成汽车检测与维修工作。

数据记录者:在操作者进行汽车检测与维修过程中,对相关数据进行记录、整理。

资料查询及收集者:根据实训项目需要,针对相应汽车查找相关资料,提供给操作者作为参考。

汽车检测与维修前期和后期的场地清洁,工具整理,后期处理等均由团队成员共同协作完成。

六、实训内容

1.拆卸正时齿带

（1）拆装前的准备工作:举起车辆到工作高度。

（2）拆卸冷却风扇及其支架。

①关闭点火开关,拔下电线插头（图 7.1）。

应关闭点火开关,断开冷却风扇电动机的电线插头,主要目的是防止发动机水温达到一定温度时,风扇突然转动而造成人身伤害。拔下电线插头时,先按下插座上的卡片,解除锁止,方可拔出电线插头。

②拆卸冷却风扇下端的两个螺栓（图 7.2）。冷却风扇的在上下两端各有两颗螺栓,在拆卸时注意不要碰伤手,拆卸冷却风扇下端的两颗螺栓。

③降下车辆,拆卸冷却风扇上端的两个螺栓,并取下冷却风扇（图 7.3）。

在取出冷却风扇时注意调整风扇的角度,严禁生拉硬拽,否则容易造成散热器、冷却风扇及其支架的损伤。

图7.1　拔下电线插头

图7.2　拆卸冷却风扇螺栓　　　　　　　　　图7.3　取下冷却风扇

（3）拆卸空调压缩机传动带,压缩机传动带只需松下即可(图7.4)。

（4）拆卸发电机传动带(图7.5)及张紧装置。

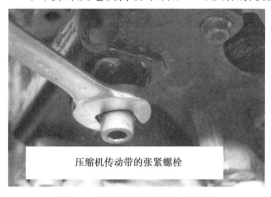 

压缩机传动带的张紧螺栓

图7.4　拆卸空调压缩机传动带　　　　　　　图7.5　拆卸发电机传动带

（5）拆卸发电机传动带张紧装置(图7.6)。注意:在取下最后一颗螺栓时,要用手扶住传动带张紧装置,避免掉落到地上损伤张紧装置;传动带的张紧装置取下后,严禁在无固定的情况下拔出张紧轮定位销,避免弹簧的回位弹力造成人身伤害。

（6）拆卸正时齿带上端防护罩(图7.7)。正时齿轮带的上、中防护罩通过部分叠加交叉起来,拆卸时应注意观察两者间的配合关系,便于正确安装。

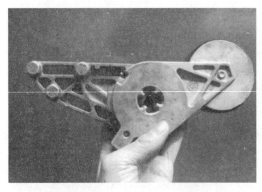

图7.6　拆卸发电机传动带张紧装置

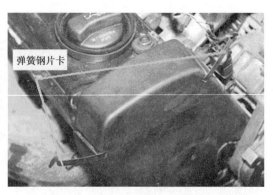

图7.7　拆卸正时齿带上端防护罩

（7）确认配气正时。

用扳手转动曲轴，使凸轮轴齿轮上带有标记的齿轮与正时齿带后防护罩上的箭头标记对齐（图7.8）。这是一对配合标记，确认发动机配气正时时，两者要对齐。当两者对齐时，发动机一缸的进、排气门均处于关闭状态。

曲轴皮带轮上的内侧边沿上的缺口标记与正时齿带下防护罩上的箭头标记也是一对配合标记，确认发动机配气正时时，两者也要对齐（图7.9）。当两者对齐时，一缸的活塞处于压缩上止点的位置。

图7.8　确认凸轮轴配气正时

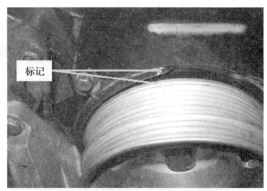

图7.9　确认曲轴齿轮配气正时

（8）拆卸曲轴皮带轮（图7.10）。在拆卸曲轴带轮时，可以由一名同学用扳手固定凸轮轴带轮，另一名同学拆卸曲轴传动带轮；也可以采用变速器挂入某一挡位，踩下制动踏板的方法固定曲轴。

（9）拆卸中防护罩（图7.11）。拆卸中防护罩时，有三颗螺栓，其中下面两颗是和下防护罩共用的。

①取下中防护罩（图7.12）。

图 7.10　拆卸曲轴皮带轮

图 7.11　拆卸中防护罩

图 7.12　取下中防护罩

②拆卸中防护罩(图 7.13)。

③取出下防护罩(图 7.14)。

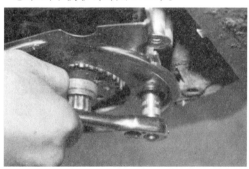

图 7.13　拆卸中防护罩

图 7.14　取出下防护罩

(10)拆卸正时齿带(图 7.15)。松开偏心轮,取下正时齿带。正时齿轮带的张紧轮是一个偏心轮,松开其固定螺栓后便自动减小或消除对正时齿带的张紧力,便于取下正时齿带。松开张紧轮后,便可取下正时传动带。

(11)检查正时齿带(图 7.16)。正时齿轮带的表面如果出现开裂、断层、断线,说明正时齿带已经老化,不适合再继续使用,应更换新的正时齿带。

如果到了使用极限,仍然继续使用就容易出现跳齿、折断,将破坏气门、活塞的运动规律,甚至会造成气门顶撞活塞的严重机械事故。

图 7.15　拆卸正时齿带

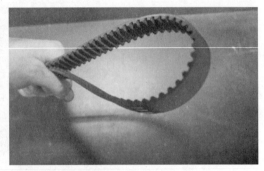
图 7.16　检查正时齿带

(12)目视检查曲轴正时齿带、齿轮齿顶和齿根应无明显磨损和变形(图 7.17)。

图 7.17　检查正时齿带

(13)目视检查凸轮轴齿带轮,凸轮轴齿带轮齿顶和齿根应无明显磨损和变形(图 7.18)。

图 7.18　检查凸轮齿带轮

(14)检查正时齿带张紧轮(图 7.19)。张紧轮应可以自由转动,接触面应无明显偏磨、凹陷等损伤。

图 7.19　检查正时齿带张紧轮

2. 安装正时齿带

安装正时齿带的步骤基本与拆卸的步骤相反。

在安装时要保持双手干净,严禁将水、油等黏附到传动带上。否则,容易出现跳齿现象,破坏正常的发动机配气正时,使发动机输出功率下降或丧失。另外,水、油等物质也会加剧正时传动带的磨损。

(1)将正时齿带安装在曲轴上,并套上正时传动带下防护罩。要确保正时传动带与曲轴的正时齿轮正确接触(图 7.20)。

图 7.20　安装正时齿带

(2)安装正时齿轮罩(图 7.21)。安装正时齿带下防护罩时,注意不要松开正时传动带。否则,不能保证齿传动带和带轮的正确接触。

曲轴带轮和正时带轮两者之间有着严格的定位规定,通过定位孔和定位销来保证(图 7.22)。一旦出现偏差,将会影响发动机配气正时的正确性。

图 7.21　安装正时齿轮罩

图 7.22　曲轴带轮和正时带轮定位

（3）对凸轮轴、曲轴的正时记号（图 7.23）。在安装过程中要注意正时记号，如果正时记号不正确，应先转动凸轮轴的齿轮，使凸轮轴上的标记对齐上后防护罩上的标记，再使曲轴带轮上的标记对齐上正时传动带下防护罩上的标记。这样做的目的是避免直接转动凸轮轴导致气门与活塞发生运动干涉。

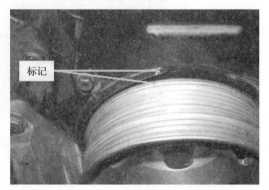

图 7.23　对正时记号

注意事项：转动曲轴带轮时，要用手抓紧正时传动带，保持传动带与齿轮正确接触。否则，正时齿带松脱受到挤压，容易损坏正时齿带。

（4）调整正时齿轮带的张紧度（图 7.24）。

注意事项：使用工具转动张紧轮时，要缓慢用力。否则，容易造成正时齿带损伤。专用扳手和套筒扳手配合使用时，专用扳手固定，套筒扳手拧紧张紧轮固定螺栓。否则，正时齿带的挠度会发生变化。拧紧张紧轮的紧固螺母，拧紧力矩为 45 N·m。

图 7.24　调整正时齿轮带的张紧度

装配好后，检查正时传动带的张紧度，应符合规定的要求，过大或过小均会带来不利影响（图 7.25）。

图 7.25　检查传动带张紧度

（5）安装正时齿轮带的上防护罩。

（6）安装发电机传动带的张紧装置（图 7.26）。

（7）安装发电机及传动带。

（8）安装压缩机传动带。

（9）安装冷却风扇及其支架。冷却风扇电动机的电线插头一定要插入到位，保证电线插头上的定位卡与孔可靠配合。否则，电路虚接，既容易影响电动机的正常运转，又容易烧毁电动机。

图 7.26　检查传动带张紧度

（10）发动机运转检查。正时传动带更换完毕后，进行发动机运转检查是必须的，目的是及时发现维修中的故障隐患和检验维修质量。

小组成员分工及故障分析

小组成员分工及故障分析
成员分工
项目分析
实施计划

实训数据记录

姓名		班级	
学号		指导教师	
组员			
汽车 VIN 码			

汽车品牌		汽车车型		汽车年代	

工具选择	
数据记录及结果分析	

实训报告

请在下方空白处写出本节课您所掌握的知识内容、本人工作任务、完成情况、实训感想等方面的内容。

实训评分表

姓名		班级		学号		指导教师		组别	
评分项目		评分内容			分值	个人评分	小组评分	教师评分	
工具、场地准备		场地干净整洁,符合作业要求			5				
		通用及专用工具准备齐全、正确			5				
专业知识学习		学习态度端正,认真积极			5				
工具设备的选择与使用		检修与维修工具设备选择正确、合适			5				
		工具设备使用正确,操作规范			10				
操作实施		按操作要求实施操作			25				
		操作正确、有序			10				
		零部件拆装无破损			5				
总结报告		数据记录完成,符合实际情况			5				
		实训报告客观、务实			5				
团队协作能力		小组成员分工明确			5				
		团队协作,共同完成实训操作			5				
安全		安全操作,未出现人身危险情况			5				
		工具设备使用安全,未损坏			5				
总分					100				

组长:　　　　　　　　　　　　　　　　　　　　　　　日期:

项目 8
曲柄连杆机构的拆装

通过对曲柄连杆机构与机体零件的观察,初步掌握发动机的基本工作原理,熟悉曲柄连杆机构和机体零件的组成、功用、相互联系及结构特点。

一、实训目的

1.知识目标

理解曲柄连杆机构的工作原理。

2.能力目标

(1)掌握汽车发动机曲柄连杆机构的正确拆装。
(2)熟悉曲轴轴向定位和防漏方法。
(3)了解主要零部件的装配标记。
(4)掌握活塞环钳、气门拆装钳等拆装专用工具的操作与使用方法。

3.素质目标

(1)提高学生团队协作能力。
(2)提高学生独立思考及问题分析能力。
(3)提高学生知识学习及实践操作能力。

二、实训要求及注意事项

(1)工具不使用时应保持干净并放到正确的位置。
(2)各种设备和工具要及时检查和保养。
(3)手上应避免油污,以免工具滑脱。

（4）启动发动机的车辆应保证驻车制动正常。

（5）不要在车间内乱转。

（6）在车间内启动发动机要保持通风良好。

（7）在车间内穿戴、着装要合适，并佩戴必要的安全防护装备，如手套、护目镜、耳塞等。

（8）不要将压缩空气对着人或设备吹。

（9）尖锐的工具不要放到口袋里，以免扎伤自己或划伤车辆。

（10）常用通道上不要放工具、设备、车辆等。

（11）正确使用工具。

（12）手、衣服、工具应远离旋转设备或部件。

三、实训设备及耗材

发动机实训台，常用工具和专业工具各一套，气门拆装钳一套，活塞环拆装工具一套等。

四、基础知识

1. 功用

将燃料燃烧时产生的热量转变为活塞往复运动的机械能，再通过连杆将活塞的往复运动转变为曲轴的旋转运动而对外输出动力。

在做功行程中，活塞承受燃气压力在气缸内做直线运动，通过连杆转换成曲轴的旋转运动，并从曲轴对外输出动力。

而在进气、压缩和排气行程中，飞轮释放能量又把曲轴的旋转运动转化成活塞的直线运动。

2. 组成

曲柄连杆机构是往复活塞式发动机实现能量转换的主要机构。其作用是将燃气作用在活塞顶上的压力转变为曲轴的转矩，使曲轴产生旋转运动而对外输出动力。曲柄连杆机构由三部分组成。

（1）机体组（气缸体、曲轴箱组）。机体组由气缸盖、气缸垫、气缸体、油底壳等组成（图8.1）。

（2）活塞连杆组。活塞连杆组由活塞、活塞环、活塞销、连杆等组成（图8.2）。

（3）曲轴飞轮组。曲轴飞轮组由曲轴、飞轮、扭转减振器等组成（图8.3）。

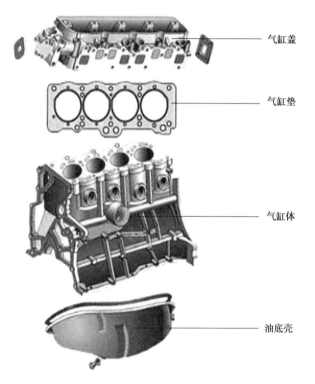

气缸盖

气缸垫

气缸体

油底壳

图 8.1　机体组

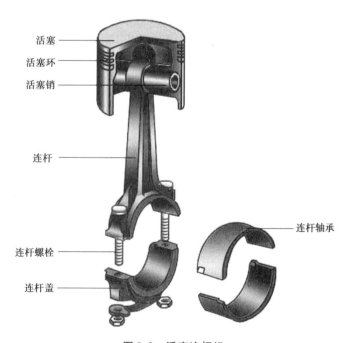

活塞

活塞环

活塞销

连杆

连杆轴承

连杆螺栓

连杆盖

图 8.2　活塞连杆组

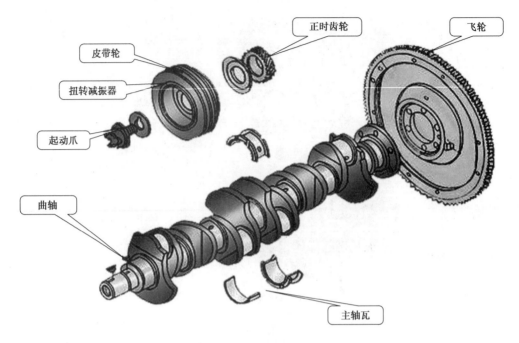

图 8.3　曲轴飞轮组

五、小组分工

针对不同班级情况将学生划分成每小组不多于 10 人的多个小组,并进行任务划分。组长 1 人,主操作者 2 人,副操作者 4 人,数据记录者 2 人,资料查询及收集者 1 人。

组长:主要负责团队成员任务安排及整体统筹工作。

主操作者:主要负责汽车检测与维修操作,仪器、设备使用等工作。

副操作者:协助主操作者完成汽车检测与维修工作。

数据记录者:在操作者进行汽车检测与维修过程中,对相关数据进行记录、整理。

资料查询及收集者:根据实训项目需要,针对相应汽车查找相关资料,提供给操作者作为参考。

汽车检测与维修前期和后期的场地清洁,工具整理,后期处理等均由团队成员共同协作完成。

六、实训内容

按发动机附件、气缸盖、油底壳、活塞连杆组和曲轴飞轮组的顺序,进行发动机解体。仔细观察曲柄连杆机构的结构。

1.分解发动机机体组总成

（1）拆下发电机。旋松撑紧壁紧固螺栓、调整螺母紧固螺栓，拧动调整螺母，使发电机靠近发动机侧，取下V形皮带，从发动机前端卸下发电机与发动机的连接螺栓，取下发电机。

（2）取下进气歧管和排气歧管。

（3）拆卸正时皮带。拆下水泵皮带轮和曲轴皮带轮及正时齿轮罩盖，拧松张紧器紧固螺栓，转动张紧轮，拆下正时皮带。

（4）拆卸水泵。拆下水泵固定螺栓，取下水泵，如图8.4所示。

（5）拆卸气缸盖。先卸下气门室罩盖，按由四周向中心顺序旋松缸盖螺栓，以防缸盖变形。拆下气缸盖螺栓，用橡皮锤锤松缸盖，取下缸盖，如图8.5所示。

图8.4　拆卸水泵

图8.5　拆卸气缸盖

（6）拆卸机油泵。拧松油底壳紧固螺栓，卸下油底壳，取下集滤器、机油泵及机油扰流板，如图8.6所示。

图8.6　拆卸油底壳和机油泵

（7）拆卸活塞。旋松连杆大头紧固螺母，取下螺母，取下连杆头轴承座。用锤柄轻击连杆大头螺栓，顶出活塞，将连杆大头、轴承座装在一起，如图8.7所示。

注意事项：将连杆按顺序摆放好，以便下一次复装。

（8）拆卸曲轴。取下正时齿轮、曲轴前后的油封端盖，旋松并取下曲轴主轴承盖，抬出曲轴，取出上轴瓦止推轴承，如图8.8所示。

注意事项:不要跌落轴瓦,将轴承盖按顺序摆放好。

图8.7 拆卸活塞

图8.8 拆卸曲轴

2.活塞连杆组的拆卸

(1)用活塞环拆卸专业工具依次拆下活塞环,如图8.9所示。

(2)用尖嘴钳取出活塞销卡簧,用拇指压出活塞销,或用专用冲头将其冲出,如图8.10所示。

(3)取出连杆轴承。

(4)按相反顺序复装活塞连杆组。

图8.9 拆卸活塞环

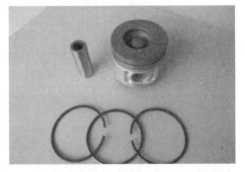

图8.10 拆卸卡簧

注意事项:

(1)对活塞做标记时,应从发动机前端向后打上气缸号,并打上指向发动机前端的箭头。

(2)拆卸连杆和连杆轴承盖时,应打上所属气缸号。安装连杆时,浇铸的标记须朝V形带轮方向(发动机前方)。

(3)安装活塞环时,应使活塞环开口错开120°,有"TOP"记号的一面须朝活塞顶部。

3.曲轴飞轮组的拆卸

(1)按对角顺序旋松飞轮固定螺栓,取下螺栓,用手锤沿四周轻轻敲击飞轮,待松动后取下飞轮。

(2)拧松并取下曲轴油封端盖紧固螺栓,用手锤轻轻敲击油封端盖,待松动后取下油封端盖。

（3）拆卸主轴承盖及止推轴承,抬出曲轴,如图 8.11 所示。

（4）安装时按相反顺序逐步进行。

注意事项:在新油封唇部涂润滑脂,然后用专用油封安装工具和锤子将油封敲入,直至端面与油封边缘齐平。

图 8.11　更换油封

4. 曲轴飞轮组的安装

（1）将飞轮安装于曲轴后端轴凸缘盘上,安装时注意原定位标记,然后紧固螺母。螺母紧固时应对角交叉进行,并按扭紧力矩拧紧。

（2）在曲轴主轴承座上安装并定位好轴承(轴承上油孔应与座上油道孔对准,然后在轴瓦表面涂上一层薄机油)。

（3）将曲轴安装在主轴承座内,将不带油槽的主轴承装入主轴承盖,把各道主轴承盖按原位装在各道主轴颈上,并按规定拧紧力矩,依次拧紧主轴承螺栓。螺栓不得一次拧紧,须经 2 ~ 3 次完成。拧紧顺序应按从中到外交叉进行。拧紧后转动曲轴,以便安装活塞连杆组。

（4）将曲轴前端正时齿轮、挡油片等装上。

5. 活塞连杆组的安装

（1）将活塞销和连杆小头孔内(已装好铜套)涂上一层薄机油,然后将活塞放入 90 ℃ 以上热水内加热,取出活塞,迅速用专用工具将销压入销座和连杆小头孔内,使连杆与活塞连接。如果有活塞销卡环,用尖嘴钳将其装上(安装时应注意活塞与连杆的安装标记)。

（2）用活塞环装卸钳依次装上活塞油环和各道密封环,安装时注意扭曲环方向不可装反(环的内圆边缘开槽其槽口应向上,一般装第一道环,外圆边缘开槽其槽口应向下,一般装二、三道环槽)。

（3）将各道环端隙按一定角度钳开(三道气环按 120° 钳开,第一道环的端隙应避开活塞销座及侧压力较大一侧)。用活塞环箍将活塞环箍紧,用木锤手柄轻敲活塞顶部,使其进入气缸,推至连杆大端与曲轴连杆轴颈连接。装上连杆盖,按规定扭矩拧紧连杆螺栓螺母。

6. 气缸体曲轴箱组安装

（1）放倒发动机,装上油底壳衬垫及油底壳。拧紧油底壳螺栓时应由中间向两端交叉进行。

（2）竖直发动机，安装气缸垫和气缸盖。缸盖螺栓应由中间向两端交叉均匀分 2 ~ 3 次拧至规定力矩。

（3）安装凸轮轴及摇臂机构，安装气缸盖罩等。

（4）将所拆其他非曲柄连杆机构部件安装到发动机上。

（5）检查有无遗漏未装部件，检查并整理好工具。

小组成员分工及故障分析

小组成员分工及故障分析
成员分工
项目分析
实施计划

实训数据记录

姓名		班级	
学号		指导教师	
组员			
汽车 VIN 码			
汽车品牌		汽车车型		汽车年代	

工具选择	
数据记录及结果分析	

实训报告

请在下方空白处写出本节课您所掌握的知识内容、本人工作任务、完成情况、实训感想等方面的内容。

实训评分表

姓名		班级		学号		指导教师		组别	
评分项目		评分内容			分值	个人评分	小组评分	教师评分	
工具、场地准备		场地干净整洁,符合作业要求			5				
		通用及专用工具准备齐全、正确			5				
专业知识学习		学习态度端正,认真积极			5				
工具设备的选择与使用		检修与维修工具设备选择正确、合适			5				
		工具设备使用正确,操作规范			10				
操作实施		按操作要求实施操作			25				
		操作正确、有序			10				
		零部件拆装无破损			5				
总结报告		数据记录完成,符合实际情况			5				
		实训报告客观、务实			5				
团队协作能力		小组成员分工明确			5				
		团队协作,共同完成实训操作			5				
安全		安全操作,未出现人身危险情况			5				
		工具设备使用安全,未损坏			5				
总分					100				

组长: 　　　　　　　　　　　　　　　　日期:

项目 9
配气机构的拆装

目前,四冲程汽车发动机都采用气门式配气机构。其功用是根据发动机的工作顺序和各缸工作循环的要求,定时开启和关闭进、排气门,使新鲜可燃混合气(汽油机)或空气(柴油机)准时进入气缸,废气得以及时排出气缸。

通过对配气机构零件的观察,要求学生初步掌握发动机的基本工作原理,熟悉配气机构零件的组成、功用、相互联系及结构特点。

一、实训目的

1. 知识目标

理解配气机构的结构原理。

2. 能力目标

(1)了解配气机构基本知识。
(2)掌握配气机构的拆装方法。

3. 素质目标

(1)提高学生团队协作能力。
(2)提高学生独立思考及问题分析能力。
(3)提高学生知识学习及实践操作能力。

二、实训要求及注意事项

(1)工具不使用时应保持干净并放到正确的位置。
(2)各种设备和工具要及时检查和保养。

（3）手上应避免油污，以免工具滑脱。

（4）启动发动机的车辆应保证驻车制动正常。

（5）不要在车间内乱转。

（6）在车间内启动发动机要保持通风良好。

（7）在车间内穿戴、着装要合适，并佩戴必要的安全防护装备，如手套、护目镜、耳塞等。

（8）不要将压缩空气对着人或设备吹。

（9）尖锐的工具不要放到口袋里，以免扎伤自己或划伤车辆。

（10）常用通道上不要放工具、设备、车辆等。

（11）正确使用工具。

（12）手、衣服、工具应远离旋转设备或部件。

三、实训设备及耗材

发动机翻转台架 5 台、零件车 1 台、工具车 1 台、常用工具 5 套、标记笔 1 支、抹布若干、张紧轮专用工具 1 个、三抓 1 个、气门拆卸钳 1 个。

四、基础知识

配气机构的组成与形式

配气机构由气门组和气门传动组两部分组成，每组的零件组成则与气门的位置、凸轮轴的位置和气门驱动的形式等有关。现代汽车发动机采用顶置气门式配气机构，即进、排气门置于气缸盖内，倒挂在气缸顶上。凸轮轴的位置有下置式、中置式和上置式 3 种，如图 9.1 所示。

（1）气门组。

气门组包括气门、气门导管、气门座、气门弹簧等，如图 9.2 所示。

凸轮轴下置式

凸轮轴中置式

凸轮轴上置式

图 9.1 凸轴轮

气门弹簧座
锁片
油封
气门弹簧

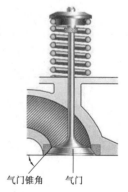
气门锥角　气门

图 9.2 气门组

①气门。

气门的功用是用来开关进、排气通道。气门由头部和杆部两部分组成(图9.3)。气门头部是一个具有圆锥斜面的圆盘,气门锥角一般为45°,进气门锥角也有30°的,气门边缘应保持一定的厚度,一般为1~3 mm,以防工作中冲击损坏和被高温烧蚀。

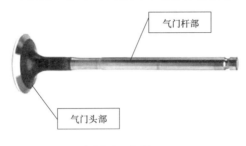

图9.3　气门

气门密封锥面与气门座配对研磨。多数发动机进气门头部直径比排气门大,两气门一样大时,排气门有记号。

②气门导管(图9.4)。

a.气门导管的主要功用是为气门运动导向,以保证气门上下运动时不发生径向摆动而准确落座,同时起导热作用。

b.气门杆与气门导管孔的配合间隙必须适当,一般为0.05 ~ 0.12 mm。间隙过大,导向不好,散热不良;而间隙过小,热状态下可能卡死。

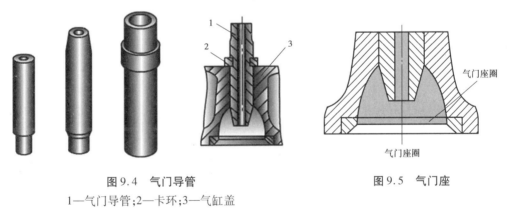

图9.4　气门导管　　　　　　　　　图9.5　气门座
1—气门导管;2—卡环;3—气缸盖

③气门座。

进、排气道口与气门密封锥面直接贴合的部位称为气门座(图9.5)。

气门座与气门头部密封锥面配合对气缸起密封作用,同时气门头部的热量亦经过气门座外传,起到对气门散热的作用。

气门座可以在气缸盖或气缸体上直接镗出;也可以单独制成气门座圈,镶嵌在气缸盖或气缸体上。气门座圈用耐热合金钢或耐热合金铸铁制成。

④气门弹簧。

气门弹簧的功用是使气门与气门座紧密贴合,克服气门和气门驱动件所产生的惯性力的干扰,避免各零件彼此脱离而破坏配气机构的正常工作。

气门弹簧多采用优质弹簧钢丝绕制而成,并经热处理,多为圆柱形螺旋弹簧(图9.6)。其一端支承在气缸盖的相应凹槽内,另一端压在气门弹簧座圈上。

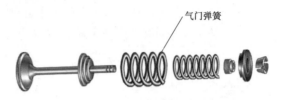

图9.6 气门弹簧

(2)气门传动组

气门传动组的主要机件有凸轮轴及其驱动装置、挺柱、推杆、摇臂及摇臂轴等(图9.7)。其功用是使进、排气门按配气相位规定的时刻开闭,且保证有足够的升程。

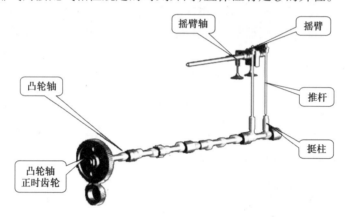

图9.7 气门传动组

①凸轮轴。

凸轮轴是气门传动组中最主要的零件。其功用是用来驱动并控制各气缸门的开启和关闭,使其符合发动机的工作顺序、配气相位及气门开度的变化规律等要求。下置凸轮轴式发动机还用它来驱动汽油泵、机油泵和分电器等。

凸轮轴主要由轴颈和凸轮两部分组成(图9.8)。对下置式凸轮轴配气机构发动机来说,凸轮轴上还设有螺旋齿轮和偏心轮,用来驱动膜片式汽油泵、机油泵和分电器。

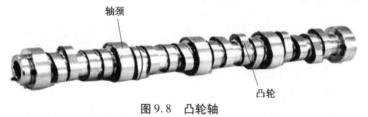

图9.8 凸轮轴

②挺柱。

挺柱的功用是将凸轮轴旋转时产生的推力传给推杆或气门,并承受凸轮轴旋转时施加的侧向力。挺柱有机械挺柱(图9.9)和液压挺柱(图9.10)两种。

③推杆。

推杆如图9.11所示。推杆位于挺柱和摇臂之间,其功用是将挺柱传来的运动和作用力传给摇臂。主要应用于凸轮轴中置或下置式配气机构中。

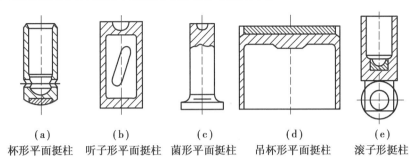

|（a）|（b）|（c）|（d）|（e）|
|杯形平面挺柱|听子形平面挺柱|菌形平面挺柱|吊杯形平面挺柱|滚子形挺柱|

图 9.9　机械挺柱

图 9.10　液压挺柱

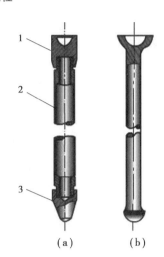

图 9.11　推杆

1—上端头;2—杆身;3—下端

在凸轮轴下置式配气机构中,推杆是一个细长杆件,传递的力很大,所以极易弯曲。因此,要求推杆有较好的纵向稳定性和较大的刚度。在动负荷大的发动机中,推杆应尽量做得短些。

④摇臂组件。

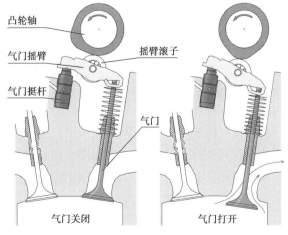

图 9.12　摇臂组件的作用

摇臂组件主要由摇臂、摇臂轴、摇臂轴支座、气门间隙调整螺钉等零件组成。摇臂的功用是将凸轮或推杆传来的力改变方向后传给气门,使其开启,如图9.12所示。摇臂装在摇臂轴上,它是一个两臂不等长的双臂杠杆,长臂一端用来推动气门。

摇臂通过摇臂轴支座装在气缸盖上。摇臂上有油道,摇臂轴的中间是空的,兼起油道的作用,通过支座油道与气缸盖上的油道相通。

五、小组分工

针对不同班级情况将学生划分成每小组不多于10人的多个小组,并进行任务划分。组长1人,主操作者2人,副操作者4人,数据记录者2人,资料查询及收集者1人。

组长:主要负责团队成员任务安排及整体统筹工作。

主操作者:主要负责汽车检测与维修操作,仪器、设备使用等工作。

副操作者:协助主操作者完成汽车检测与维修工作。

数据记录者:在操作者进行汽车检测与维修过程中,对相关数据进行记录、整理。

资料查询及收集者:根据实训项目需要,针对相应汽车查找相关资料,提供给操作者作为参考。

汽车检测与维修前期和后期的场地清洁,工具整理,后期处理等均由团队成员共同协作完成。

六、实训内容

(一)配气机构拆卸

以丰田8A发动机双顶置凸轮轴配气机构为例。

1.凸轮轴的拆卸

(1)将发动机放在旋转台架上。

(2)拔掉各缸高压线,拆卸气缸盖罩。

(3)拆卸正时齿形带防护罩。

(4)转动曲轴使凸轮轴正时齿形带轮位于第一缸上止点标记。凸轮轴正时齿形带轮上的标记必须对准,如图9.13所示。

(5)转动曲轴到第一缸上止点标记。

(6)松开半自动张紧轮,从凸轮轴正时齿形带轮上拆下正时齿形带,如图9.14所示。

(7)拆下凸轮轴正时齿形带轮。

(8)从凸轮轴上取下半圆键。

(9)先拆下排气凸轮轴第1、3、5号轴承盖,然后对角交替松开第2、4号轴承盖。再用相同的方法拆下进气凸轮轴的轴承盖,如图9.15所示。

图9.13 第一缸上止点位置正时齿形带轮标记

图9.14 松开半自动张紧轮

图9.15 先拆下凸轮轴承盖

（10）取下凸轮轴。

2. 拆下液力挺柱

按拆卸配气机构的顺序拆下液力挺柱，将其顺序放置，不可互换，且使工作面向下。

3. 拆下气门组件

（1）用气门弹簧拆卸钳压紧气门弹簧，如图9.16所示。
（2）取出气门锁片。
（3）移开气门弹簧拆卸钳，取下气门弹簧座和气门弹簧。
（4）取出气门，并做好记号，按顺序排好。

（二）配气机构安装

1. 安装气门

按照与拆卸相反的顺序安装气门，但应注意以下事项：
（1）在安装气门之前，更换气门油封需要在气门杆部涂上一层机油。
（2）安装气门时，要注意气门的记号，各缸的气门不可互换。

图 9.16　气门组拆卸

（3）按顺序装回气门，气门弹簧，气门弹簧座。

（4）用气门弹簧拆卸钳压紧气门弹簧，装上气门锁片。

2.液力挺柱的安装

液力挺柱必须整套更换，不能进行调整或维修。

3.凸轮轴的安装

安装凸轮轴前应更换凸轮轴油封。安装凸轮轴时，第一缸的凸轮必须朝上，安装轴承盖时要保证孔的上下部分对准。

（1）润滑凸轮轴轴承表面。

（2）按照凸轮轴上的正时记号对号正时。

（3）交替对角拧紧第 2、4 号排气凸轮轴轴承盖螺栓，拧紧力矩为 20 N·m。然后用同样的方法拧紧第 1、3、5 号轴承盖螺栓，拧紧力矩为 20 N·m。

（4）用与（3）相同的方法安装进气凸轮轴轴承盖螺栓。

（5）安装正时皮带，并拧紧张紧轮。

（6）安装正时齿轮罩。

（7）安装气门室罩盖。安装好凸轮轴后，发动机在 30 min 之内不得启动，以便液力挺柱的补偿元件进入状态，否则气门将敲击活塞。

小组成员分工及故障分析

小组成员分工及故障分析
成员分工
项目分析
实施计划

实训数据记录

姓名		班级	
学号		指导教师	
组员			
汽车 VIN 码			
汽车品牌		汽车车型		汽车年代	

工具选择	
数据记录及结果分析	

实训报告

请在下方空白处写出本节课您所掌握的知识内容、本人工作任务、完成情况、实训感想等方面的内容。

实训评分表

姓名		班级		学号		指导教师		组别	
评分项目		评分内容			分值	个人评分	小组评分	教师评分	
工具、场地准备		场地干净整洁,符合作业要求			5				
		通用及专用工具准备齐全、正确			5				
专业知识学习		学习态度端正,认真积极			5				
工具设备的选择与使用		检修与维修工具设备选择正确、合适			5				
		工具设备使用正确,操作规范			10				
操作实施		按操作要求实施操作			25				
		操作正确、有序			10				
		零部件拆装无破损			5				
总结报告		数据记录完成,符合实际情况			5				
		实训报告客观、务实			5				
团队协作能力		小组成员分工明确			5				
		团队协作,共同完成实训操作			5				
安全		安全操作,未出现人身危险情况			5				
		工具设备使用安全,未损坏			5				
总分					100				

组长：　　　　　　　　　　　　　　　日期：

项目 10
手动变速器的拆装

在汽车行驶时,变速器通过齿轮减速、增矩,将运动和动力传至万向传动装置。齿轮齿面间的接触,在理论上只是线接触,因此接触压力很大,会造成齿面磨损或产生疲劳剥落等现象。汽车行驶时需要根据行驶条件选择合适的挡位,对于恶劣道路上行驶的车辆来说,由于换挡频繁,会产生冲击载荷,破坏零件的润滑条件,如果使用和维修不当,更会加剧变速器零件的损伤,出现换挡困难、换挡异响、自行脱挡、发出噪声及渗漏等故障。因此,必须对变速器进行正确的维护,以维持变速器良好的运行状况,延长变速器的使用寿命。

一、实训目的

1.知识目标

(1)了解汽车手动变速器结构原理。
(2)熟悉汽车手动变速器的类型。
(3)掌握汽车手动变速器的工作原理。

2.能力目标

(1)了解手动变速器的构造原理、规范要求、检测方法。
(2)了解常见车型变速器的操作规范要求。
(3)了解变速器出现故障的原因及排除方法。
(4)学会使用拆装和检测的工具和量具。

3.素质目标

(1)提高学生团队协作能力。
(2)提高学生独立思考及问题分析能力。
(3)提高学生知识学习及实践操作能力。

二、实训要求及注意事项

1.分解要求及注意事项

(1)严格拆装程序并注意操作安全。

(2)注意各零部件的清洗和润滑。

(3)分解变速器时不能用手锤直接敲击零件,必须采用铜棒或硬木垫进行冲击。

(4)拉出换挡叉轴时,应注意不可使锁止钢球、弹簧飞出,注意避免钢球、弹簧和互锁销丢失。

2.装配要求及注意事项

(1)变速器安装时使用的所有部件必须清洗干净。

(2)安装前,对变速器内有滑动和摩擦表面的部件,要用变速器机油润滑。

(3)在安装输出轴与同步器时,一定要将同步器毂的位置安装正确,接合套外带拨叉槽的一端应朝前。

(4)安装壳体总成时,应注意检查锁止球、弹簧、互锁销不许漏装。

(5)安装倒挡齿轮时,注意齿轮牙齿的一端有倒挡角。安装输入轴及中间轴上的倒挡齿轮时,其牙齿有倒挡角的一端朝外,而倒挡滑动齿轮上牙齿有倒角的一端应朝里。

(6)将变速器各壳体组装在一起时,应先擦干净各壳体的接合面,在接合面上均匀涂上一层密封剂,几分钟后,再将各壳体装配在一起。组装上、下壳体时,应注意要将各换挡拨叉插入各自的同步器啮合套的槽里。壳体对齐后,依次均匀地将各紧固螺栓拧紧,注意拧力要大小一致。

三、实训设备及耗材

三轴式手动变速器总成一个,汽车维修工具箱一套,汽车维修工具车一辆。

四、基础知识

1.手动变速器的分类

从布局传动形式上分为纵置变速器、横置变速器;从控制上分为手动挡变速器、自动挡变速器。

(1)手动挡变速器,简称 MT(Manual Transmission)。

①按变速器前进挡数分类,常用的有四、五、六、九、十、十一、十二、十六挡变速器。

②按传动轴数分类,可分为两轴式、三轴式和组合式 3 类。

a. 两轴式变速器。

两轴式齿轮变速器主要应用于发动机前置、前轮驱动或发动机后置、后轮驱动的中轻型轿车上。目前,轿车上广泛采用发动机前置、前轮驱动的布置形式。其中前置发动机又分为纵向布置和横向布置两种形式,与其配用的两轴式变速器也有两种不同的结构形式。发动机前置、前轮驱动形式的汽车采用两轴式变速器,例如奥迪 100 型轿车、捷达轿车、夏利轿车。

两轴式变速器的特点:两轴式变速器从输入轴到输出轴只通过一对齿轮传动,前进时只有一对齿轮传动,倒挡传动路线中也只有一个中间齿轮,因而结构简单、机械效率高、噪声小。其传动比变化小,只用在中、小型轿车上。

b. 三轴式变速器。

三轴式变速器传动比变化范围大,在中、小型货车及越野车上被广泛采用。发动机前置、后轮驱动形式的汽车采用三轴式变速器,例如解放 CA1092、东风 EQ1090E 型等中型汽车。

三轴式变速器的特点:为减少内摩擦引起的零件磨损和功率损失,须在壳体内注入齿轮油,可采用飞溅方式润滑各齿轮副、轴与轴承等零件的工作表面。因此,壳体一侧有加油口,壳体底部有放油塞,油面高度即由加油口位置控制。为防止变速器工作时由于油温升高、气压增大而造成润滑油渗漏现象,会在变速器盖上装通气塞。

与二轴式变速器比较,三轴式变速器第一轴动力不经中间轴直接传到第二轴,其传动比为 1,称为直接挡。其传动效率最高,亦可获得最高车速。但此外的其他前进挡须经两对齿轮传动,倒挡须经 3 对齿轮传动,故传动效率有所降低,噪声会有所增大。

c. 组合式变速器。

组合式变速器通常由挡位数较多的主变速器和仅有高低两个挡位的副变速器串联而成,使变速器有较多挡位,扩大了传动比,保证汽车具有良好的动力性、经济性和加速性,如斯太尔等重型汽车采用 2FS6-90 变速器。

组合式变速器的特点:重型汽车的装载质量大,使用条件复杂,要保证重型汽车具有良好的动力性、经济性和加速性,必须扩大变速器传动比的范围并增加挡位数。为避免变速器的结构过于复杂和便于系列化生产,多采用组合式机械变速器,即以一两种四、五、六挡变速器为主体,通过更换系列齿轮副和配置不同的副变速器,得到一组不同挡位数、不同传动比范围的变速器系列。

目前,组合式机械变速器已成为重型汽车采用的主要类型。在安凯、西沃、亚星奔驰、桂林大宇及厦门金龙等企业的 7～12 m 高档大中型客车,以及总质量为 14～50 t 的重型载货车及各种专用车、特种车上配套采用。

(3)自动挡变速器又分为 AT、AMT、CVT、DCT 等。

①AT(Auto Transmission):绝大多数自动变速器都是 AT 变速器,吉利曾研发过 3AT(3 个前进挡);国内好一点的车用的是 6AT;比较高端的采用的是 8AT,像宝马有采用 8AT。简单地说,不同速比对应不同车速范围,保持车辆输出功率不变,这样理论上最省油,但是由于 AT 采用液力变矩器作为发动机与变速器传递动力的中间桥梁,液力变矩器本身传动效率比较低(低于离合器),所以相对较费油。

②AMT(Auto Manual Transmission):电控机械式变速器,很多人认为它是"手自一体",这是有局限的,所有自动挡的变速器,理论上都可以做成手自一体。

③CVT(Continuously Variable Transmission)：无级变速器,理论上最省油,缺点是由于采用钢带传动,受制于钢带的强度,无法承载大扭矩。日本车用得最多。

④DCT(Dual Clutch Transmission)：双离合变速器,比 AT 省油,比 AMT 舒适性好,可以比 CVT 承载更大扭矩。它是自动变速器的发展趋势之一,但是技术难度大。

大众推出的 DSG(直接换挡变速器)就是双离合变速器,名称不同而已。

2. 手动变速器的常见故障

(1)跳挡、

现象：汽车在加速、减速或爬坡的过程中,变速杆自动跳回空挡位置。

原因：跳挡的根本原因是齿轮或啮合套分离的轴向力大于齿轮或啮合套定位的锁定力和移动时的摩擦力。

(2)乱挡。

现象：挂入的挡位与实际挡位不匹配。

原因：变速齿轮与拨叉、拨叉与拨叉轴、拨叉轴与变速杆间位置发生变化,使两者之间不协调。

(3)换挡困难。

现象：变速杆不能顺利地挂入挡位,或勉强挂入挡后,又很难摘下。

原因：变速叉轴弯曲、卡死;锁定销或钢球、互锁销等为杂物所卡阻,移动不灵;闭锁机构锈死或调整不当;润滑油过脏或黏度过大。

(4)抖杆。

现象：变速器挂入某一挡位行驶时,变速杆不停地抖动。

原因：

①变速杆与滑动齿轮环槽或啮合套环槽不平行,当齿轮旋转时,拨叉与环槽碰擦,引起变速杆抖动。

②滑动齿轮键槽与轴上的花键磨损,径向间隙过大,齿轮旋转时形成轴向摆动,触动拨叉,引起变速杆抖动。

③变速杆中间球节松动或球节弹簧折断,使其失去定位作用而抖动。

④锁定装置失灵,拨叉轴定不了位,齿轮的轴向窜动反应在变速杆上而抖动。

五、小 组 分 工

针对不同班级情况将学生划分成每小组不多于 5 人的多个小组,并进行任务划分。组长 1 人,主操作者 1 人,副操作者 1 人,数据记录者 1 人,资料查询及收集者 1 人。

组长：主要负责团队成员任务安排及整体统筹工作。

主操作者：主要负责汽车拆装手动变速器。

副操作者:协助主操作者选择工具及拆装顺序。

数据记录者:在操作者进行拆装过程中,对相关注意事项进行记录、整理。

资料查询及收集者:根据实训项目需要,针对相应汽车查找相关资料,提供给操作者作为参考。

<h1 style="text-align:center">六、实训内容</h1>

手动变速器传动部分的拆装

(1)变速器总成的分解。

①将变速器摆放在试验台上,使所有的换挡叉轴处于空挡位置,如图 10.1 所示。

②取出离合器推力轴承,如图 10.2 所示。

图 10.1　将变速器安置在试验台上　　图 10.2　拆下推力轴承

③取下放油螺栓,放出变速器油,如图 10.3 所示。

④拆下选挡、换挡止动螺栓和倒挡止动螺栓。

⑤拆下换挡机构,如图 10.4 所示。

图 10.3　取下放油螺栓　　　　　图 10.4　拆下换挡机构

⑥卸下变速器的后壳体,由于有密封胶,拆卸时可用木槌或铜棒敲击,如图 10.5 所示。

图10.5　拆下变速器后盖

⑦分解变速器上下壳体,拆下上壳体,如图10.6所示。

⑧拔出输入轴和输出轴总成,如图10.7所示。

图10.6　上下壳体分离

图10.7　拆卸输入、输出轴总成

(2)变速器输出轴总成的分解与组装

①将第一轴和第二轴分开,如图10.8所示。

图10.8　分开第一轴和第二轴

②拆下三、四挡花键毂卡环,取下花键毂和三挡从动齿轮及同步器锁环,如图10.9所示。

③用卡环钳拆下卡环,取出车速里程表传动齿轮,如图10.10所示。

④用专用工具取下卡环,拉出后端支撑轴承,如图10.11所示。

图 10.9　拆下花键毂和三挡齿轮

图 10.10　取下卡环　　　　　　　　　　图 10.11　取下轴承

⑤取下五挡从动齿轮卡环,后端轴承,取下五档从动齿轮及同步器,如图 10.12 所示。

⑥取下同步器卡环,拆下五挡、倒挡同步器,如图 10.13 所示。

图 10.12　取下卡环及齿轮　　　　　　　图 10.13　取下五挡、倒挡同步器

⑦拆卸倒挡从动齿轮,如图 10.14 所示。

⑧用专用工具拆卸中间支撑轴承,如图 10.15 所示。

⑨分别拆卸一挡从动齿轮,一、二挡同步器,二挡从动齿轮,如图 10.16、图 10.17、图 10.18 所示。

倒挡从动齿轮

图 10.14　拆卸倒挡从动齿轮

图 10.15　拆卸轴承

图 10.16　拆卸一挡从动齿轮

图 10.17　拆卸一、二挡同步器

⑩按照分解的反顺序对输出轴进行组装,如图 10.19 所示。

图 10.18　拆卸二挡从动齿轮

图 10.19　输出轴组装总成

(3)变速器换挡机构的拆卸。

①用专用工具取出一、二挡拨叉和三、四挡拨叉的定位销,如图 10.20 所示。

注意:在取定位销时一定要使定位销的位置与变速器壳体上的装配工艺槽的位置相对应,如图 10.21 所示。

图 10.20　打下定位销

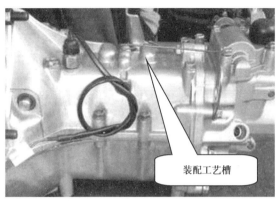

图 10.21　装配工艺槽的位置

②取下三根拨叉轴,并取出自锁和互锁弹簧、钢珠及互锁销,如图 10.22 所示。

图 10.22　取下换挡拨叉轴

(4)变速器的装配。

变速器的安装程序和分解程序相反。

小组成员分工及故障分析

小组成员分工及故障分析
成员分工
项目分析
实施计划

实训数据记录

姓名		班级	
学号		指导教师	
组员			
汽车 VIN 码			
汽车品牌		汽车车型		汽车年代	

工具选择	
数据记录及结果分析	

实训报告

请在下方空白处写出本节课您所掌握的知识内容、本人工作任务、完成情况、实训感想等方面的内容。

实 训 评 分 表

姓名		班级		学号		指导教师		组别	
评分项目		评分内容				分值	个人评分	小组评分	教师评分
工具、场地准备		场地干净整洁,符合作业要求				5			
		通用及专用工具准备齐全、正确				5			
专业知识学习		学习态度端正,认真积极				5			
工具设备的选择与使用		检修与维修工具设备选择正确、合适				5			
		工具设备使用正确,操作规范				10			
操作实施		按操作要求实施操作				25			
		操作正确、有序				10			
		零部件拆装无破损				5			
总结报告		数据记录完成,符合实际情况				5			
		实训报告客观、务实				5			
团队协作能力		小组成员分工明确				5			
		团队协作,共同完成实训操作				5			
安全		安全操作,未出现人身危险情况				5			
		工具设备使用安全,未损坏				5			
总分						100			

组长:　　　　　　　　　　　　　　　　日期:

项目 11
汽车悬架拆装

汽车悬架系统的维护与检查至关重要，不容忽视。悬架技术状况变差，首先影响汽车的平顺性，增加汽车的冲击载荷，加剧汽车零部件的损坏，也增加了运输中的货物损耗，更重要的是损坏了车轮正常的运动学和力学关系，造成汽车的操纵性能、制动性能变差，加剧轮胎的磨损，对行车安全构成潜在威胁。

一、实训目的

1. 知识目标

(1)了解弹性元件、减振器和横向稳定器的结构及工作情况。
(2)了解非独立悬架和独立悬架的基本结构和工作原理。
(3)了解空气弹性、可变阻尼减振器结构及工作情况。
(4)了解电子控制悬架的基本结构及工作原理。

2. 能力目标

(1)掌握常见轿车前后悬架的正确拆装顺序及调整方法。
(2)掌握常见汽车前后悬架的检修方法。
(3)掌握常见轿车电子控制悬架的检修方法。

3. 素质目标

(1)提高学生团队协作能力。
(2)提高学生资料收集能力及概括能力。
(3)提高学生独立思考及问题分析能力。
(4)提高学生知识学习及实践操作能力。

二、实训要求及注意事项

（1）前悬架总成不能焊接和整形修理。

（2）自锁螺母必须更换新件。

（3）螺母或螺栓的紧固力矩应符合规定。

（4）轮毂轴承压入前应涂上润滑脂，两只挡圈的开口位置相差180°。

（5）对有液压转向的，要在传动轴花键处涂5 mm宽密封剂，60 min后方可行驶。

三、实训设备及耗材

（1）前后悬架各2套或轿车2~3辆，电子控制悬架的轿车1辆，确保每辆4~6人。

（2）弹性元件和减振器、空气弹性元件、可变阻尼减振器和传感器若干套。

（3）拆装工作台若干张。

（4）举升器，常用、专用工具若干套。

四、基础知识

1.悬架的主要零件

（1）弹性元件：汽车悬架所用的弹性元件类型可分为钢板弹簧（图11.1）、螺旋弹簧、扭杆弹簧、油气弹簧和橡胶弹簧等。

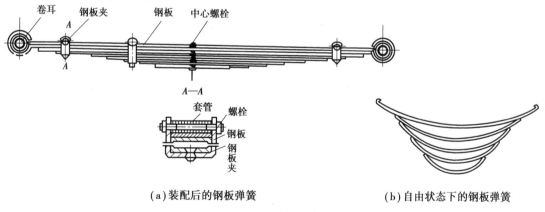

（a）装配后的钢板弹簧　　　　　　　　　　（b）自由状态下的钢板弹簧

图11.1　钢板弹簧

（2）减振器（图11.2）：减振器在汽车中的作用是迅速衰减由车轮通过悬架弹簧传给车身的冲击和振动，提高汽车行驶的平顺性能。减振器在汽车悬架中与弹性元件并联安装。装有减振器的汽车和不装减振器的汽车相比，车身振动衰减的速度不同。装减振器的汽车振动的强度衰减很快,而不装减振器的汽车车身振动衰减缓慢。

(3)导向装置:包括横向导杆和纵向推力杆。用来传递除垂直力以外的各种力和力矩,并确定车轮相对于车架(或车身)的运动关系。

2.悬架的类型

汽车悬架系统根据结构和左右车轮振动的相互影响不同,一般可分为非独立悬架和独立悬架两大类。

非独立悬架的结构特点是两侧的车轮分别安装在一根整体式车轴两端,车轴则通过弹性元件与车架或车身连接。装有这种悬架,当一侧车轮因道路不平而跳动时,将影响另一侧车轮的工作。

图11.2 减振器

独立悬架的结构特点是左右车轮单独通过悬架与车架(或车身)相连,每个车轮能独立上下运动,以适应路面复杂的变化(图11.3)。

汽车上采用的独立悬架的结构按车轮的运动形式可分为车轮横向摆动式、车轮纵向摆动式和车轮垂直移动式3种类型。

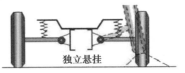

图11.3 独立悬架的结构类型

(1)横臂式独立悬架。

①横向单摆臂式独立悬架(图11.4)。

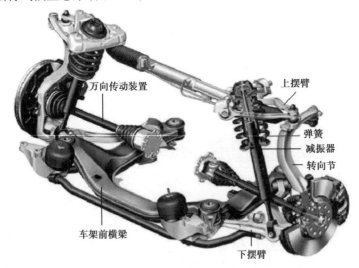

图11.4 横向单摆臂式独立悬架

②横向双摆臂式独立悬架(图11.5)。

(2)纵臂式独立悬架。

①纵向单摆臂式独立悬架(图11.6)。

②纵向双摆臂式独立悬架(图11.7)。

图 11.5　横向双摆臂式独立悬架

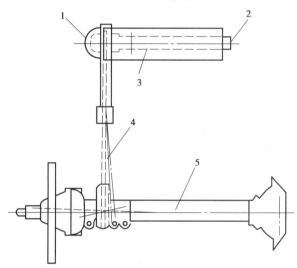

图 11.6　纵向单摆臂式独立悬架

1—套筒;2—扭杆弹簧;3—套管;4—纵摆臂;5—半轴套管

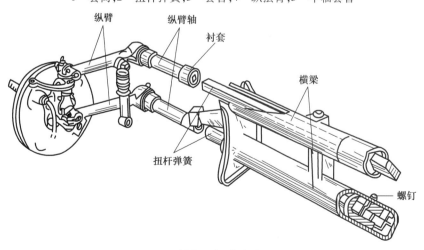

图 11.7　纵向双摆臂式独立悬架

（3）车轮沿主销移动的独立悬架。

①烛式独立悬架（图11.8）。

②滑柱连杆式独立悬架。

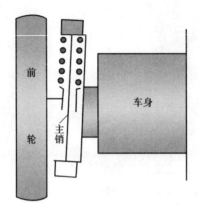

图11.8　烛式独立悬架

五、小组分工

针对不同班级情况将学生划分成每小组不多于5人的多个小组,并进行任务划分。组长1人,主操作者1人,副操作者1人,数据记录者1人,资料查询及收集者1人。

组长:主要负责团队成员任务安排及整体统筹工作。

主操作者:主要负责操作拆装等工作。

副操作者:协助主操作者选择合适的工具和零件摆放工作。

数据记录者:在操作者进行拆装过程中,对相关数据进行记录、整理。

资料查询及收集者:根据实训项目需要,针对相应汽车查找相关资料,提供给操作者作为参考。

汽车检测与维修前期和后期的场地清洁,工具整理,后期处理等均由团队成员共同协作完成。

六、实训内容

1.捷达轿车前悬架的拆卸

（1）车轮的拆卸（图11.9）。

①松开轮胎螺栓。

②拆下车轮。

（2）转向节的拆卸（图11.10）。

图11.9 车轮的拆卸

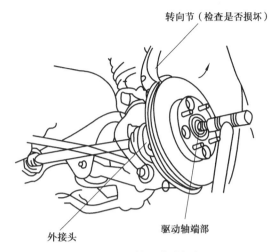

图11.10 转向节的拆卸

①拆卸前制动器。

②分开转向节与前减振器。

③拆下转向节。

④从轮毂上拆下轴承内圈。

⑤从转向节上拆下轴承。

（3）前减振器的拆卸与分解。

①前悬架支柱的拆卸（图11.11）。

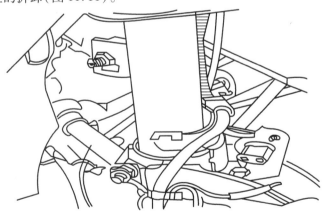

图11.11 前悬架支柱的拆卸

②分解前悬架支柱总成（图11.12）。

（4）梯形臂的拆卸与分解。

①拆卸梯形臂。

②取出梯形臂前后衬套。

（5）万向节轴的拆卸与分解。

①从车上拆下万向节。

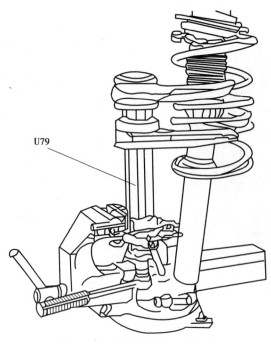

U79

图 11.12　分解前悬架支柱总成

②万向节轴的分解:拆下外等速万向节护罩,拆下外等速万向节,拆下内等速万向节,压出万向节轴的振动缓冲器。

③外等速万向节的分解:做好外等速万向节拆前的标记,拆卸外等速万向节钢球。

④内等速万向节的分解:拆卸内等速万向节钢球,拆卸内等速万向节球毂。

2.捷达轿车前悬架的安装

安装是按照与拆卸相反的顺序进行,但是必须注意以下事项。

①副车架、横向稳定杆与梯形臂的安装:梯形臂前衬套的组装,梯形臂后衬套的组装,副车架、梯形臂与下球铰的安装、横向稳定杆的安装。

②转向节与轮毂的组装:转向节轴承的安装。

③转向节与前减振器的安装:转向节与前减振器的组装,转向节与梯形臂的安装,前减振器的安装。

④万向节的组装:外等速万向节的组装。

⑤内等速万向节的组装:球毂的安装,钢球及保护架的安装,保持架的安装。

⑥万向节轴的组装:外等速万向节与万向节轴的组装,振动缓冲器的安装,内等速万向节与万向节轴的组装,内等速万向节的防护罩的安装。

⑦万向节轴的安装:万向节轴与主减速器驱动凸缘的安装,万向节与轮毂的安装,轮轴承间隙的检查。

⑧车轮的安装:制动钳与制动盘的安装,车轮的安装。

3. 前轮定位角的测量与调整

（1）前轮转角的测量。
（2）前轮定位角的测量与调整。
①检查条件。
②前轮前束（图 11.13）的测量与调整。
③车轮外倾角（图 11.14）的测量与调整。

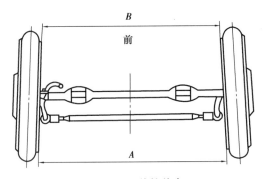

图 11.13　前轮前束

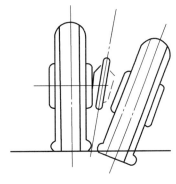

图 11.14　车轮外倾

④主销外倾角和后倾角的调整。

4. 前悬架零件的检修

（1）万向节轴的检查。
①等速万向节的检查。
②万向节轴的检查。
（2）前减振器的检查。
①前减振器的检查。
②前减振器悬架轴承主橡胶挡块的检查。
③前减振器螺旋弹簧的检查。
（3）前轮毂与转向节的检查。
①轮毂轴承的检查。
②前轮毂与转向节的检查。
（4）副车架、横向架稳定杆和梯形臂的检查。
①副车架、横向稳定杆和梯形臂的检查。
②梯形臂下球铰的检查。
（5）车轮的检查。
①车轮跳动的检查。
②车轮平衡的检查。
③轮胎磨损的测量。
④轮胎的定期换位。

5.前悬架的故障及排除方法

（1）前悬架有噪声。

（2）万向节传动轴有噪声。

（3）前轮自动跑偏。

（4）前轮摆动。

6.后悬架的拆装

汽车悬架组成示意图如图11.15所示。

（1）捷达轿车后悬架的拆卸。

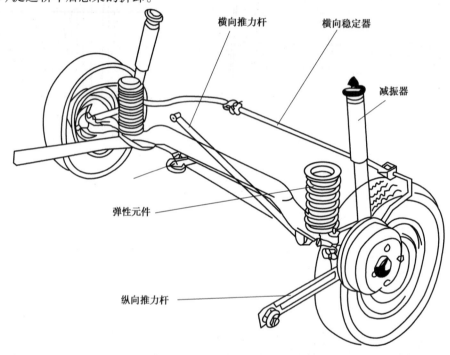

图 11.15　汽车悬架组成示意图

①车轮的拆卸:松开轮胎轮辋的螺栓,拆卸润滑脂盖,拆卸后制动鼓,拆卸短轴,拆卸短轴上内圈锥滚子轴承内圈,拆卸制动鼓上轴承外圈及油封。

②后减振器用后桥体的拆卸:拆卸后制动油管与手制动拉线,拆卸后减振器上的安装螺母,拆卸后桥体,压出后桥体上橡胶支撑,分解后减振器。

（2）捷达轿车后悬架的安装。

安装时按照与拆卸相反的顺序进行,但是需要注意以下事项。

①后桥体的组装与安装:安装后桥体橡胶支承,安装支架与后桥体,安装后桥体。

②后减振器的组装与安装:安装后减振器,连接后桥体与后减振器。

③短轴与轴承的安装:安装制动鼓外圈锥滚子轴承的外圈,安装制动鼓内圈锥滚子轴承的外圈,安装制动鼓的油封,安装短轴,安装制动鼓,调整轴承轮预紧力,安装锁止环与开口销,安装润滑脂盖。

④捷达轿车后轮定位角的检查:检查后车轮外倾角,检查后轮前束。

小组成员分工及故障分析

小组成员分工及故障分析
成员分工
项目分析
实施计划

实训数据记录

姓名			班级	
学号			指导教师	
组员				
汽车 VIN 码				
汽车品牌		汽车车型		汽车年代
工具选择				
数据记录及结果分析				

实 训 报 告

　　请在下方空白处写出本节课您所掌握的知识内容、本人工作任务、完成情况、实训感想等方面的内容。

实训评分表

姓名		班级		学号		指导教师		组别	
评分项目		评分内容				分值	个人评分	小组评分	教师评分
工具、场地准备		场地干净整洁,符合作业要求				5			
		通用及专用工具准备齐全、正确				5			
专业知识学习		学习态度端正,认真积极				5			
工具设备的选择与使用		检修与维修工具设备选择正确、合适				5			
		工具设备使用正确,操作规范				10			
操作实施		按操作要求实施操作				25			
		操作正确、有序				10			
		零部件拆装无破损				5			
总结报告		数据记录完成,符合实际情况				5			
		实训报告客观、务实				5			
团队协作能力		小组成员分工明确				5			
		团队协作,共同完成实训操作				5			
安全		安全操作,未出现人身危险情况				5			
		工具设备使用安全,未损坏				5			
总分						100			

组长: 　　　　　　　　　　　日期:

项目 12
驱动桥拆装

驱动桥是汽车中受力情况最为复杂的总成之一。在汽车行驶过程中,其传递动力的零件所受的各种应力远远大于传动系统的其他部位。在后轮驱动的汽车上,驱动桥壳承载整车一部分质量;以前轮为驱动轮的汽车,半轴暴露在外、两端万向节的防尘套长期使用后的老化都会影响驱动桥的技术状况,造成传动间隙增大而出现异响、主减速器和差速器壳体温度过高以及漏油等故障现象。因此,对驱动桥及时进行维护是保持汽车性能、延长汽车使用寿命的方法之一。

一、实训目的

1. 知识目标

(1)掌握驱动桥的作用与组成。
(2)掌握驱动桥的结构。
(3)掌握主减速器、差速器的结构。

2. 能力目标

(1)掌握驱动桥的拆卸技能。
(2)掌握主减速器的拆卸技能。
(3)掌握差速器的拆卸技能。
(4)正确使用工具。

3. 素质目标

(1)提高学生团队协作能力。
(2)提高学生资料收集能力及概括能力。
(3)提高学生独立思考及问题分析能力。
(4)提高学生知识学习及实践操作能力。

二、实训要求及注意事项

（1）拆卸轴承、齿轮必须用专用工具，不得用锤子直接敲击。

（2）为保证再次装配时的装配精度，在拆解驱动桥时应检查装配标记，如果标记不清，应重新做好标记。

（3）驱动桥零件分解后应清洗干净，涂上润滑油以防装配前生锈，并将零件按照装配关系整齐地摆放在干净的工作台上。

（4）严格按照技术要求对轴承预紧度、齿轮啮合印记等配合尺寸进行调整，不得随意更改技术要求。

（5）对各紧固螺栓严格按照规定力矩拧紧。

（6）支撑轴承不能随意用其他型号代替。

（7）装配后的驱动桥必须按规定添加齿轮油，不得随意改变齿轮油的牌号。

三、实训设备及耗材

小轿车驱动桥若干个，工具车若干辆，汽车举升机一台，零件小车、抹布等若干。

四、基础知识

1.驱动桥的组成

驱动桥一般是由主减速器、差速器、半轴、桥壳等组成。

2.驱动桥的功用

它的功用是将由万向传动装置传来的发动机转矩传给驱动车轮，并经降速增矩、改变动力传动方向，使汽车行驶，而且允许左右驱动车轮以不同的转速旋转。具体来说，主减速器的功用为降速增矩，改变动力传动方向；差速器的功用是允许左右驱动车轮以不同的转速旋转；半轴的功用是将动力由差速器传给驱动车轮。

3.驱动桥的分类

按悬架结构的不同，驱动桥可分为整体式驱动桥和断开式驱动桥。

整体式驱动桥又称为非断开式驱动桥。整体式驱动桥如图12.1所示，与非独立悬架配用。其驱动桥壳为一刚性的整体，驱动桥两端通过悬架与车架或车身连接，左右半轴始终在一条直线上，即左右驱动轮不能相互独立地跳动。当某一侧车轮通过地面的凸出物或凹坑升高或下降时，整个驱动桥及车身都要随之发生倾斜，车身波动大。

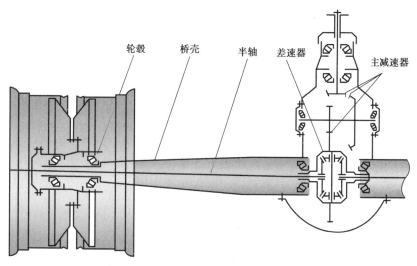

图 12.1 整体式驱动桥

断开式驱动桥如图 12.2 所示,与独立悬架配用。其主减速器固定在车架或车身上,驱动桥壳分段并用铰链连接,半轴也分段并用万向节连接。驱动桥两端分别用悬架与车架或车身连接。这样,两侧驱动车轮及桥壳可以彼此独立地相对于车架或车身上下跳动。

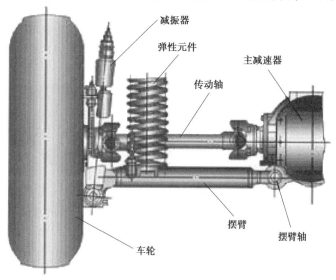

图 12.2 断开式驱动桥

五、小组分工

针对不同班级情况将学生划分成每小组不多于 5 人的多个小组,并进行任务划分。组长 1 人,主操作者 1 人,副操作者 1 人,数据记录者 1 人,资料查询及收集者 1 人。

组长:主要负责团队成员任务安排及整体统筹工作。

主操作者:主要负责拆装工作。

副操作者:协助主操作者找合适的工具和零件摆放工作。

数据记录者:在操作者拆装过程中,对相关数据进行记录、整理。

资料查询收集者:根据实训项目需要,针对相应汽车查找相关资料,提供给操作者作为参考。

汽车驱动桥拆装前期和后期的场地清洁,工具整理,后期处理等均由团队成员共同协作完成。

六、实训内容

1. 驱动桥的拆装

驱动桥结构如图 12.3 所示。

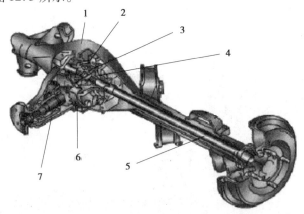

图 12.3　驱动桥
1—后桥壳;2—差速器壳;3—差速器行星齿轮;4—差速器半轴齿轮;5—半轴;
6—主减速器从动齿轮齿圈;7—主减速器主动小齿轮

(1)用举升机将车举起,放净桥壳内的润滑油。

(2)拆下传动轴,拆下两后轮轮胎,拆下后轮轮边的制动鼓、制动底板、制动油管,拉出半轴。

(3)拆下钢板弹簧与桥壳连接的螺母,取下后桥总成,拆下主减速器、差速器总成的固定螺栓,从后桥中取出主减速器、差速器总成。

2. 拆卸差速器总成

差速器结构如图 12.4 所示。

(1)在差速器轴承盖与轴承座上做好标记,拆卸时差速器两侧的组件不能互换。

(2)拆下差速器支撑轴承调整螺母锁片的固定螺栓,取下锁片。

(3)取下差速器支撑轴承调整螺母、支撑轴承外座圈、轴承盖、差速器总成。

（4）将差速器固定在台虎钳上,翘平差速器壳上的主减速器从动齿轮锁片,拆下固定螺栓,取下主减速器从动轮。

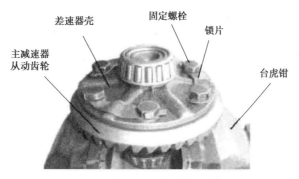

图 12.4　差速器

3.分解差速器

分解差速器如图 12.5 所示。

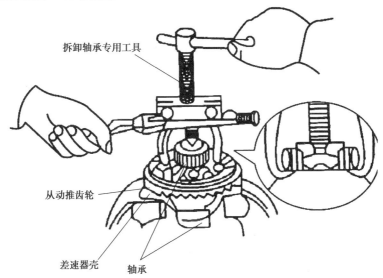

图 12.5　分解差速器

（1）用拉拔器拉出支撑轴承。
（2）用冲子将行星齿轮轴锁销冲出,用冲子将小行星齿轮轴冲出。
（3）旋转半轴齿轮使行星齿轮转至差速器壳窗口处。
（4）取出行星齿轮和止推垫片,记录止推垫片的厚度后放好。
（5）取出半轴齿轮、半轴齿轮止推垫片及半轴内的油封。

小组成员分工及故障分析

小组成员分工及故障分析
成员分工
项目分析
实施计划

实训数据记录

姓名			班级	
学号			指导教师	
组员				
汽车 VIN 码				
汽车品牌		汽车车型		汽车年代
工具选择				
数据记录及结果分析				

实训报告

请在下方空白处写出本节课您所掌握的知识内容、本人工作任务、完成情况、实训感想等方面的内容。

实训评分表

姓名		班级		学号		指导教师		组别	
评分项目		评分内容				分值	个人评分	小组评分	教师评分
工具、场地准备		场地干净整洁,符合作业要求				5			
		通用及专用工具准备齐全、正确				5			
专业知识学习		学习态度端正,认真积极				5			
工具设备的选择与使用		检修与维修工具设备选择正确、合适				5			
		工具设备使用正确,操作规范				10			
操作实施		按操作要求实施操作				25			
		操作正确、有序				10			
		零部件拆装无破损				5			
总结报告		数据记录完成,符合实际情况				5			
		实训报告客观、务实				5			
团队协作能力		小组成员分工明确				5			
		团队协作,共同完成实训操作				5			
安全		安全操作,未出现人身危险情况				5			
		工具设备使用安全,未损坏				5			
总分						100			
组长:　　　　　　　　　　　　　　　　　　　　　日期:									

项目 13
汽车故障诊断仪的使用

　　随着汽车电子技术的不断发展和应用,汽车故障诊断仪成为进行汽车检测与维修必不可少的工具。通过对汽车故障诊断仪的基础知识的介绍,使读者初步了解汽车故障诊断,并按照操作步骤进行实践操作,帮助读者加深对汽车故障诊断仪的认识,掌握汽车故障诊断、故障码清除、动态数据流读取、元件测试和控制单元编码等功能的操作方法。

一、实训目的

1. 知识目标

(1)了解汽车故障代码。
(2)了解汽车故障诊断仪类型。
(3)熟悉汽车故障诊断仪功能。
(4)掌握汽车故障诊断仪使用方法。

2. 能力目标

(1)能根据不同车型选择合适的汽车故障诊断仪。
(2)能熟练连接汽车故障诊断仪。
(3)能熟练运用汽车故障诊断仪进行汽车诊断与检修。

3. 素质目标

(1)提高学生团队协作能力。
(2)提高学生独立思考及问题分析能力。
(3)提高学生知识学习及实践操作能力。

二、实训要求及注意事项

1. 使用器具要求及注意事项

（1）汽车故障诊断仪为精密电子仪器,请勿摔碰。

（2）轻拿轻放,避免撞击,不使用时请将电源插头拔下。

（3）拔出插头时应握住插头拔出,而不是拉扯电源线。

（4）使用后将电缆和配接线等附件放回箱子避免丢失。

（5）在测量电压时,点火开关应接通（ON）,蓄电池电压应不低于 11 V。

2. 安全操作要求及注意事项

（1）由指导教师驾驶汽车,学生严禁驾驶汽车。

（2）使用仪器设备进行汽车检测时,应严格遵守仪器设备的安全操作规程。

（3）汽车检测与维修操作前,需要对现场及周围进行安全确认,否则严禁进行相关操作。

（4）汽车检修时,必须仔细对汽车零部件进行检查,防止出现漏件情况。

（5）汽车运行时,严禁在危险区域工作,多人同时进行检测操作时,严禁随意移动汽车,同时应有专人协调,确认安全。

（6）检修结束后,参加检修人员应负责车辆清理及环境清理,并保持环境干净、整洁。

三、实训设备及耗材

汽车故障诊断仪一台,实训车一辆,汽车维修工具箱一套,汽车维修工具车一辆。

四、基础知识

1. 什么是汽车故障码

汽车故障码（图 13.1）是汽车出现故障时存在于汽车 ECU 中的一段数据代码,用于维修人员检测汽车故障、维修汽车。

2. 为什么会有故障灯和故障代码

随着电子技术的不断应用,汽车控制已不再是以前的单一机械控制式,而是由传感器采集信号并传递给 ECU 再传递给执行器进行控制操作的机电一体控制式。在机电一体控制过程中,ECU 会对采集到的信号进行分析对比,如果实时数据和实验数据一致,汽车将正常工作,如果不一致,汽车将会以故障灯（图 13.2）的形式反馈给驾驶人员,提示驾驶人员尽快前往维修厂进行检测维修,同时,故障也会以故障代码的形式储存在汽车 ECU 中,便于维修人员检修车辆。

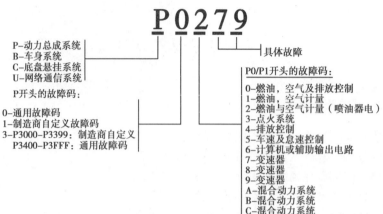

图 13.1　汽车故障码

图 13.2　故障灯

3. 汽车故障码分类

汽车故障码可以分为偶发性故障代码和常态故障代码。

偶发性故障是汽车使用过程中,由于维护间隔期长、操作使用不规范等原因,导致出现的一种偶然故障现象,使用汽车故障诊断仪可以消除故障码,但是可能会在后期的行驶过程中,再次出现。

常态故障出现原因与偶发性故障相类似,但是常态故障无法直接用汽车故障诊断仪清除,需要先排除故障再用汽车故障诊断仪清除故障代码。

4. 什么是汽车故障诊断仪

汽车故障诊断仪是一种用于检测汽车故障的便携式汽车故障自检仪,维修人员可以用它快速地进行汽车故障代码读取,并通过显示屏了解故障信息,诊断汽车故障,进行汽车后继维修。

5. 汽车故障诊断仪的分类

根据使用对象不同汽车故障诊断仪可以分为通用诊断仪和专用诊断仪。

(1)通用诊断仪,如图 13.3 所示。汽车维修厂检测与维修车型众多,为了对不同车型进行诊断,通常选用通用诊断仪。通用诊断仪可以自动识别车型、读取和清除汽车故障代码、进行汽车动态数据检测等,适用范围广,但是无法完成某些车型的特殊功能。

图 13.3　通用诊断仪

(2)专用诊断仪,如图 13.4 所示。专用诊断仪是汽车制造商为了适应于本公司汽车车型需求而生产的设备,除了具有通用诊断仪的功能外,还具有汽车参数修改、数据设定、防盗密码设定与更改等功能。

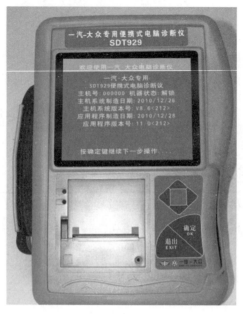

图 13.4　专用诊断仪

6.汽车故障诊断仪功能认识

（1）读取故障码,如图 13.5 所示。汽车故障诊断仪可以对汽车故障代码进行读取,用于在汽车检修过程中检测汽车状况。在未清除故障码之前,汽车故障代码会长期保存,包括频率很低的偶发性故障码也会存储下来。

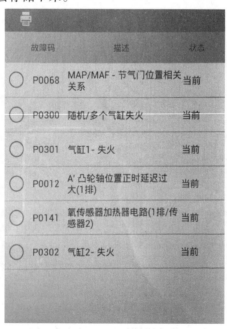

图 13.5　读取故障码

（2）清除故障码,如图 13.6 所示。该功能可以帮助汽车维修人员判别汽车故障是偶发性故障还是常态故障,并在汽车完成故障检修后,清除存储在控制单元的故障代码,以帮助汽车维修人员判别汽车故障是否清除。

图 13.6   清除故障码

（3）动态数据检测。汽车使用过程中,随着汽车运行状态不同,汽车输入、输出数据也会不同,通过汽车故障诊断仪的动态数据检测功能,可以将动态数据变化曲线图反馈到汽车故障诊断仪的显示屏上,便于检修人员将其与理论波形进行对比,了解汽车状态是否正常,是否有故障。

汽车运行状态不良时,汽车故障诊断仪可能没有故障代码显示,此时维修人员可以对动态数据进行检测,通过动态数据了解汽车状况,发现汽车故障。

（4）汽车数据设定。该功能可以帮助检修人员完成对汽车系统的基本设定。汽车经过维修后,更换零部件可能会导致电控元件数据发生改变,从而影响汽车正常运行,而通过汽车数据设定可以帮助维修人员修正汽车数据,保证汽车正常行驶。

（5）防盗密码设定与更改。汽车更换部分零部件或更换汽车钥匙时,汽车防盗系统会自我保护,通过防盗密码设定与更改操作可以帮助维修人员更换汽车零部件或汽车系统重编程。

五、小组分工

针对不同班级情况将学生划分成每小组不多于 10 人的多个小组,并进行任务划分。组长 1 人,主操作者 2 人,副操作者 4 人,数据记录者 2 人,资料查询及收集者 1 人。

组长:主要负责团队成员任务安排及整体统筹工作。

主操作者:主要负责汽车检测与维修操作,仪器、设备使用等工作。

副操作者:协助主操作者完成汽车检测与维修工作。

数据记录者:在操作者进行汽车检测与维修过程中,对相关数据进行记录、整理。

资料查询及收集者:根据实训项目需要,针对相应汽车查找相关资料,提供给操作者作为参考。

汽车检测与维修前期和后期的场地清洁,工具整理,后期处理等均由团队成员共同协作完成。

六. 实训内容

(1)关闭汽车点火开关,找到汽车诊断接口安装位置(大部分汽车位于仪表下面靠近车门处,部分汽车位于中控台靠近操作手柄位置或副驾驶员储物箱中,如图13.7所示)。

图13.7　汽车诊断接口

(2)选用该车型专用的诊断接口进行连接。

(3)打开点火开关观察故障诊断仪指示灯是否点亮。

(4)按"POWER"键,开启汽车故障诊断仪。

(5)启动汽车故障诊断仪专用系统。

(6)进入汽车品牌及车型选择界面,选择相应的品牌及车型。

(7)根据所用设备选择相应诊断座接口。

(8)根据自身需求选择搜索方式(图13.8),一般选择自动搜索。

(9)选择汽车年代。

(10)选择是否有智能钥匙匹配。

(11)从快速测试、系统扫描、系统选择(图13.9)中选择相应方式判断故障位置。

(12)点击相应故障系统。

(13)根据需求选择读故障码、清故障码、读数据流、动作测试等操作(图13.10)。

图 13.8　搜索方式

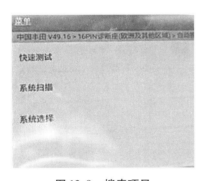

图 13.9　搜索项目　　　　　图 13.10　功能选择

（14）根据故障情况进行维修。

（15）维修完成后清除故障码。

（16）再次检测故障情况。

（17）确认无故障码后退出程序,拔下连接端口。

（18）进行汽车清理,整理工具。

小组成员分工及故障分析

小组成员分工及故障分析
成员分工
项目分析
实施计划

实训数据记录

姓名		班级	
学号		指导教师	
组员			
汽车 VIN 码			
汽车品牌		汽车车型		汽车年代	

工具选择	
数据记录及结果分析	

实训报告

请在下方空白处写出本节课您所掌握的知识内容、本人工作任务、完成情况、实训感想等方面的内容。

实训评分表

姓名		班级		学号		指导教师		组别	
评分项目		评分内容			分值	个人评分	小组评分	教师评分	
工具、场地准备		场地干净整洁,符合作业要求			5				
		通用及专用工具准备齐全、正确			5				
专业知识学习		学习态度端正,认真积极			5				
工具设备的选择与使用		检修与维修工具设备选择正确、合适			5				
		工具设备使用正确,操作规范			10				
操作实施		按操作要求实施操作			25				
		操作正确、有序			10				
		零部件拆装无破损			5				
总结报告		数据记录完成,符合实际情况			5				
		实训报告客观、务实			5				
团队协作能力		小组成员分工明确			5				
		团队协作,共同完成实训操作			5				
安全		安全操作,未出现人身危险情况			5				
		工具设备使用安全,未损坏			5				
总分					100				

组长：　　　　　　　　　　　　　　　　日期：

项目 14
保险装置及继电器检测

随着电子控制系统在汽车组成结构中比例的不断加大,传感器、执行器等电子元件数量也在不断增多。为了防止汽车行驶过程中出现电路短路导致电子元器件损坏的情况,汽车研发人员在各个控制电路中加入了保险装置及继电器装置。本项目将通过对试灯及万用表的了解、认识、运用,帮助学生掌握保险装置及继电器的检测操作方法。

一、实 训 目 的

1. 知识目标

(1)了解试灯的功用。
(2)了解万用表功能。
(3)了解保险装置电路保护原理。
(4)了解继电器电路保护原理。
(5)掌握试灯及万用表使用方法。

2. 能力目标

(1)能根据不同检测项目选择相应的万用表功能。
(2)能熟练运用试灯检测保险装置、继电器故障。
(3)能熟练运用万用表检测保险装置、继电器故障。

3. 素质目标

(1)提高学生团队协作能力。
(2)提高学生资料收集能力及概括能力。
(3)提高学生独立思考及问题分析能力。
(4)提高学生知识学习及实践操作能力。

二、实训要求及注意事项

1. 使用器具要求及注意事项

（1）禁止在带有固态部件（如控制单元）的电路上使用试灯，应使用低阻抗无源试灯或有源试灯，以免损坏部件。

（2）无源试灯功率应与电路功率相匹配。

（3）万用表使用前需进行调零处理。

（4）万用表量程选择需要与所测电路相匹配。如不清楚量程，应先选大量程，再选择小量程。

2. 安全操作要求及注意事项

（1）由指导教师驾驶汽车，学生严禁驾驶汽车。

（2）使用仪器设备进行汽车检测时，应严格遵守仪器设备的安全操作规程。

（3）汽车检测与维修操作前，需要对现场及周围进行安全确认，否则严禁进行相关操作。

（4）汽车检修时，必须仔细对汽车零部件进行检查，防止出现漏件情况。

（5）汽车运行时，严禁在危险区域工作，多人同时进行检测操作时，严禁随意移动汽车，同时应有专人协调，确认安全。

（6）检修结束后，参加检修人员应负责车辆清理及环境清理，并保持环境干净、整洁。

三、实训设备及耗材

汽车有源试灯或无源试灯一个，万用表一个，实训车一辆，汽车维修工具箱一套，汽车维修工具车一辆。

四、基础知识

1. 什么是试灯

试灯是由灯泡、导线和各种型号插头组成，用于检测电路是否导通的一种检测装置（图14.1）。

2. 试灯的分类

根据其自身是否带有电源分为无源试灯和有源试灯。

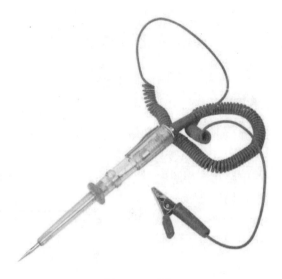

图 14.1 试灯

（1）无源试灯。

无源试灯由一只灯泡、一对导线、各类型插头和搭铁夹组成。主要用于检测电路中是否有电流导通，以此判断该线路是否存在故障。

无源试灯使用时需要被试电路功率选择相应试灯功率，如果试灯功率远大于被测试电路功率将会导致测试结果不准确；如果试灯功率，将远小于电路功率会导致试灯损坏。

（2）有源试灯。

有源试灯由一只灯泡、一对导线、一块电池、各类插头组成。主要用于检测电路是否通路，用以判断该电路是否存在短路及断路故障。

3.试灯使用方法

试灯使用如图 14.2 所示。

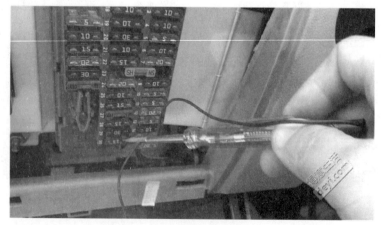

图 14.2 试灯使用

（1）无源试灯的使用方法。

将带搭铁夹一端搭铁，另一端连接待测部分接线端子。如果灯亮，说明测量线路段无故障,继续测量可能存在故障的线路段;如果灯不亮,则说明该段线路存在故障,再测线路另一端子,从而最终确定故障线路段。

(2)有源试灯的使用方法。

短路检查:启动汽车,在开关关闭的情况下,用电设备仍工作,此时断开电源端,将电路分为两部分,试灯搭铁夹搭铁,另一端与部分电路连接。如果灯亮,说明该电路段存在短路故障,继续检查直至判断出短路部分;如果灯不亮,说明该电路段不存在短路现象。

断路检查:启动汽车,在开关打开的情况下,用电设备不工作,此时断开电源,将试灯搭铁夹一端搭铁,另一端从电路首端开始连接。如果灯不亮,则断路出现在被测点到搭铁端之间;如果灯亮,则将被测点向电路搭铁端移动,直至灯不亮为止。

4. 什么是万用表

万用表是一种带有整流器的,用来测量交流电流、直流电流、电压、电阻等电学参量的仪表。

5. 万用表的分类

万用表可以分为通用机械式万用表和通用数字式万用表。

(1)通用机械式万用表,如图 14.3 所示。

图 14.3　通用机械式万用表

通用机械式万用表研制时间早,内部结构简单,成本低,功能少,维护简单,并且通用机械式万用表比高阻抗的通用数字式万用表有更高的输出,在测量二极管和电子元件的电阻时,通用机械式万用表比通用数字式万用表更加精确。

(2)通用数字式万用表,如图 14.4 所示。

随着汽车微控制器的不断应用,通用数字式万用表越来越多地运用于汽车检测方面。通用数字式万用表准确度高,测试功能完善,测量速度快,显示直观,便于携带。

图 14.4　通用数字式万用表

6. 万用表的结构

万用表由表头、测量电路及转换开关 3 个主要部分组成。

（1）表头：用于显示测量值的部分。

通用机械式万用表表头有四条刻度线，分别表示电阻值，交、直流电压值和直流电流值。

通用数字式万用表由液晶显示器显示万用表测量值，以数值形式反馈给测量人员。

（2）测量电路：用来把测量值转换成适合表头测量的直流电流电路。

（3）转换开关：用来选择各种不同的测量线路，以满足不同种类和不同量程测量要求。

7. 万用表的使用方法

（1）根据被测量选择正确的挡位、量程及表笔插孔。量程不确定时，优先选择大量程，再逐渐切换成小量程，直至量程与被测量相匹配为止。

（2）测量电阻时，应先进行调零处理，如不能调零则需要及时检查。

（3）将黑表笔连接负极，红表笔连接正极，进行读数。

8. 什么是保险装置

汽车保险装置是在电路电流过大时，用来切断电路，防止烧坏电路连接导线和用电设备的装置。它包括熔断器、易熔线和断路器。

9. 保险装置的功用

（1）熔断器。

熔断器也称保险丝（图 14.5），是汽车电路中最常见的保险装置，通常采用塑料插片式，安装于汽车熔断器盒内，并且以不同颜色标注不同电流值。熔断器盒一般布置在蓄电池旁边或转向盘左下方，并且在熔断器盒上盖标注了各个标号熔断器的最大承载电流及熔断器保护电路名称，用来帮助检修人员快速查找汽车电路故障。

熔断器选用值一般为电路电流值/0.8,例如某条电路设计的最大电流为 8 A,则该电路应选择 10 A。

图 14.5　熔断器

当熔断器所保护电路出现故障时,应注意检查熔断器的状况。通常用试灯检查熔断器是否有烧断情况,以防止插拔检查方式导致电路功能受影响。

(2)易熔线。

易熔线是汽车电路保护的后备保险系统,多安装在蓄电池处或蓄电池近处及启动机处。其外表面有比较厚的绝缘层,用来保护电子元件,避免其因短路或断路而受到更大损害,同时避免失火危险。

(3)断路器。

断路器是通过断开电路的方式防止有害过载导致导线和电子元件过热而引起的火灾情况。例如,前照灯断路会产生额外电流,电流过载会引起导线温度升高,当温度达到一定值时,会引起火灾。使用断路器时,若产生额外电流,则会断开电路,从而有效防止火灾的发生。

10. 什么是继电器

继电器(图 14.6)是利用电磁等方法自动接通或切断触点,以实现以弱电控制强电,从而控制开关,减小电流负荷,防止电流过载等现象产生的装置。

图 14.6　继电器

11. 继电器的分类及功用

(1)继电器按照初始状态不同可以分为常开继电器、常闭继电器和常开常闭混合型继电器。

①常开继电器有两个端子常开,另两个端子通电后产生磁效应,吸附常开端子闭合,电路导通。

②常闭继电器有两个端子常闭,另两个端子通电后产生磁效应,吸附常闭端子打开,电路断开。

③常开常闭混合型继电器有两个端子处于常开或者常闭的一种状态,当另两个端子通电后产生磁效应,前两个端子切换状态,电路导通或者断开。

(2)继电器按照容量大小可以分为微型继电器、迷你型继电器、功率型继电器。

微型继电器主要用在传感器、报警器等小负荷装置上;迷你型继电器主要用在刮水器、车窗升降等中负荷装置上;功率型继电器主要用在发动机、后窗加热等大负载及大电流消耗装置上。

五、小组分工

针对不同班级情况将学生划分成每小组不多于 10 人的多个小组,并进行任务划分。组长 1 人,主操作者 2 人,副操作者 4 人,数据记录者 2 人,资料查询及收集者 1 人。

组长:主要负责团队成员任务安排及整体统筹工作。

主操作者:主要负责汽车检测与维修操作,仪器、设备使用等工作。

副操作者:协助主操作者完成汽车检测与维修工作。

数据记录者:在操作者进行汽车检测与维修过程中,对相关数据进行记录、整理。

资料查询及收集者:根据实训项目需要,针对相应汽车查找相关资料,提供给操作者作为参考。

汽车检测与维修前期和后期的场地清洁,工具整理,后期处理等均由团队成员共同协作完成。

六、实训内容

1. 保险装置检测

汽车中最常用的保险装置是塑料片式熔断器。但是在众多熔断器中,如果有熔断器布置说明,则可以采用插拔式检查熔断器;如果没有熔断器说明,则需要采用试灯法进行检查。

(1)找到汽车熔断器盒(通常位于蓄电池旁或仪表盘下方靠近驾驶位车门处),如图 14.7 所示。

图 14.7 熔断器

（2）查找熔断器盒是否有说明，以此判断检测方法。

（3）如果有说明，则根据说明及故障现象找到相应熔断器，使用观察法观察熔断器是否完好，如图14.8所示。

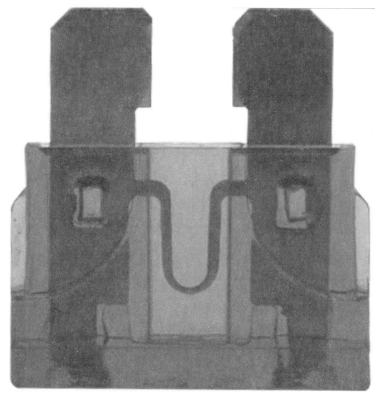

图 14.8　观察熔断器

（4）如果无法判别，则可以使用万用表欧姆挡测量熔断器电阻。如果电阻无穷大，则说明熔断器损坏，需要选用相同容量的熔断器进行更换。

（5）如果没有说明，则将试灯一端搭铁，另一端分别与熔断器测试点连接。如果两个测试灯都亮，则说明熔断器没有断路；如果一个点亮，一个不亮，则说明熔断器断路，需要选用相同容量的熔断器进行更换。

2.继电器检测

四脚继电器的检测：四脚继电器中有两脚是接继电器的电磁线圈，另外两脚接继电器常开触点。用万用表欧姆挡测量，继电器电磁线圈两脚之间应能导通，常开触点两脚之间应不导通。在电磁线圈两接脚上施加 12 V 电压，同时用万用表电阻挡测量，常开触点两脚之间应能导通。若测量结果不符合要求，应更换继电器。

小组成员分工及故障分析

小组成员分工及故障分析
成员分工
项目分析
实施计划

实训数据记录

姓名		班级		
学号		指导教师		
组员				
汽车 VIN 码				
汽车品牌		汽车车型		汽车年代
工具选择				
数据记录及结果分析				

实训报告

请在下方空白处写出本节课您所掌握的知识内容、本人工作任务、完成情况、实训感想等方面的内容。

实 训 评 分 表

姓名		班级		学号		指导教师		组别	
评分项目		评分内容				分值	个人评分	小组评分	教师评分
工具、场地准备		场地干净整洁,符合作业要求				5			
		通用及专用工具准备齐全、正确				5			
专业知识学习		学习态度端正,认真积极				5			
工具设备的选择与使用		检修与维修工具设备选择正确、合适				5			
		工具设备使用正确,操作规范				10			
操作实施		按操作要求实施操作				25			
		操作正确、有序				10			
		零部件拆装无破损				5			
总结报告		数据记录完成,符合实际情况				5			
		实训报告客观、务实				5			
团队协作能力		小组成员分工明确				5			
		团队协作,共同完成实训操作				5			
安全		安全操作,未出现人身危险情况				5			
		工具设备使用安全,未损坏				5			
总分						100			
组长:							日期:		

项目 15
汽车传感器检测

随着物质文化水平的不断提升,人们对于汽车的要求不再是单一的代步工具,更多的是趋向于功能性、舒适性、智能化的需求,因此汽车电子控制系统不断完善,汽车传感器不断增多。本项目通过对电子控制系统组成结构的认识,进一步了解汽车传感器,并对跨接线进行学习,对汽车故障检测方法进行了解,从而掌握对汽车传感器的检测。

一、实训目的

1. 知识目标

(1)了解跨接线功能。
(2)了解汽车电脑子控制系统结构及功能。
(3)熟悉汽车传感器知识。
(4)掌握汽车故障检测方法。
(5)掌握汽车传感器检测方法。

2. 能力目标

(1)能熟练使用跨接线。
(2)能熟练按照汽车故障检修流程进行操作。
(3)能熟练对汽车传感器进行检测。

3. 素质目标

(1)提高学生团队协作能力。
(2)提高学生独立思考及问题分析能力。
(3)提高学生知识学习及实践操作能力。

二、实训要求及注意事项

1.使用器具要求及注意事项

(1)由于汽车传感器结构及功能不同,对其进行检测时应按要求进行操作。

(2)禁止在任何负载两端使用跨接线,否则会导致蓄电池短路并熔断熔断器。

2.安全操作要求及注意事项

(1)由指导教师驾驶汽车,学生严禁驾驶汽车。

(2)使用仪器设备进行汽车检测时,应严格遵守仪器设备的安全操作规程。

(3)汽车检测与维修操作前,需要对现场及周围进行安全确认,否则严禁进行相关操作。

(4)汽车检修时,必须仔细对汽车零部件进行检查,防止出现漏件情况。

(5)汽车运行时,严禁在危险区域工作,多人同时进行检测操作时,严禁随意移动汽车,同时应有专人协调,确认安全。

(6)检修结束后,参加检修人员应负责车辆清理及环境清理,并保持环境干净、整洁。

三、实训设备及耗材

汽车跨接线数条,万用表一个,汽车故障诊断仪一台,汽车维修工具箱一套,汽车维修工具车一辆,实训汽车一辆。

四、基础知识

1.什么是跨接线

跨接线(图15.1)是一根测试导线,用来代替怀疑有故障的电路,从而判断被怀疑线路的情况。

2.跨接线的功用

用跨接线跨接在被测点两端,观察电路是否正常工作,如果连接跨接线后电路正常工作,不连接跨接线电路不能正常工作,则表示所跨接部分存在断路故障,需要进行检修。

3.汽车故障检测流程

(1)与客户交流沟通,了解汽车购买时间、行驶环境、保养及维护情况、故障现象等,做故障初判。

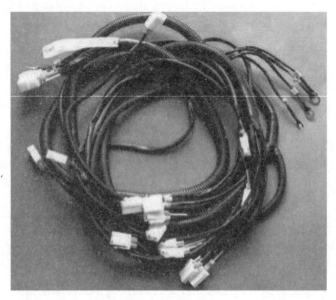

图 15.1　跨接线

（2）采用路试或仪器检测等方法印证客户反映情况，确认故障情况。

（3）进行电路分析，分析可能故障点。

（4）对故障点采取相应办法进行排除，确定故障问题。

（5）对故障进行诊断、维修。

（6）验证故障问题是否排除，如未排除，再次排查故障点。

4.汽车故障检测方法

（1）观察法。

在不使用任何仪器的情况下，根据故障现象，通过人体感官进行直观检查，进而判别故障问题。该方法适用于能够通过直观检查发现明显故障的情况，如果故障问题复杂，则需要进一步用仪器进行检测。

（2）保险装置及继电器检查法。

汽车电路出现短路情况时，电路电流过载会导致保险装置或继电器损坏，采用试灯和电压表对保险装置及继电器进行检测，从而判别汽车故障点。

（3）短接法。

使用一根导线将怀疑电路段进行短接，通过短接前后电子元件是否正常工作来判别汽车故障点。

（4）替换法。

当汽车故障较复杂时，可以选用完整零部件替换下怀疑的故障零部件，通过替换前后元件工作情况及电路导通情况判别汽车故障。

5.汽车故障检测原则

在汽车故障检测时，应当遵循先易后难、由浅入深、逐步深入的原则。

6. 什么是汽车传感器

汽车传感器是汽车电子控制系统的组成部件之一,是一种感受被测信息,并将感受到的信息按一定规律转换成电信号或其他形式的信息输出到电子控制单元的装置。

7. 汽车传感器类型

(1)空气流量传感器。

空气流量传感器(图15.2)是汽车发动机上的一种重要传感器,用来判别汽车空气进入量,该传感器输入的信号会传递给 ECU,ECU 根据该信号信息,再结合其他传感器信息判别喷油量。

(2)车速传感器。

车速传感器(图15.3)是用来检测汽车车速的装置,实现控制发动机怠速及自动变速器换挡、冷却风扇开闭和定速巡航等功能。

图 15.2　空气流量传感器　　　　　　图 15.3　车速传感器

(3)节气门位置传感器。

节气门位置传感器(图15.4)是用来检测发动机是处于怠速工况、负荷工况、加速工况,还是减速工况的一种测量装置。

(4)进气温度传感器。

进气温度传感器(图15.5)用于检测发动机进气温度,将进气温度转变为电压信号输入给 ECU 作为喷油修正信号。进气温度传感器是一个负温度系数的热敏电阻。

图 15.4　节气门位置传感器　　　　　　图 15.5　进气温度传感器

(5)爆燃传感器。

爆燃传感器如图15.6所示。汽车发动机运行过程中,发动机会出现不正常燃烧现象,通过爆燃传感器对发动机进行检测,控制点火提前角,将爆燃控制在1%~5%,从而提高汽车的动力性和经济性。

(6)氧传感器。

氧传感器如图15.7所示。氧传感器安装在汽车排气管上,用于检测排气中氧的浓度,并向ECU发出反馈信号,进一步控制喷油量,从而控制空燃比在最佳值。

图15.6　爆燃传感器

图15.7　氧传感器

五、小组分工

针对不同班级情况将学生划分成每小组不多于10人的多个小组,并进行任务划分。组长1人,主操作者2人,副操作者4人,数据记录者2人,资料查询及收集者1人。

组长:主要负责团队成员任务安排及整体统筹工作。

主操作者:主要负责汽车检测与维修操作,仪器、设备使用等工作。

副操作者:协助主操作者完成汽车检测与维修工作。

数据记录者:在操作者进行汽车检测与维修过程中,对相关数据进行记录、整理。

资料查询及收集者:根据实训项目需要,针对相应汽车查找相关资料,提供给操作者作为参考。

汽车检测与维修前期和后期的场地清洁,工具整理,后期处理等均由团队成员共同协作完成。

六、实训内容

1.故障点位置判别

(1)采用路试或仪器检测等方法确认故障情况。

(2)进行电路分析,分析可能故障点。

(3)使用万用表对汽车蓄电池电压进行检测。常见的蓄电池电压为6 V、12 V、24 V。

（4）拔下蓄电池负极端、电子控制单元端、传感器端子接头。

（5）查找资料,确认端子对应情况。

（6）使用万用表欧姆挡检查控制单元输入端和蓄电池间电阻大小,若为无穷大,则表示该线路断路。使用万用表欧姆挡检查控制单元输出端和传感器间电阻大小,挡为无穷大,则表示该线路断路。

（7）使用跨接线跨接两对应端子,与未跨接时进行对比,如果连接好跨接线后电路正常工作,不连接跨接线电路不能正常工作,则表示所跨接部分存在断路故障,需要进行检修。

（8）如果电路未断路,则连接蓄电池负极,使用万用表电流挡检测各端子电流情况,如果未形成回路,但是在输入和输出端均检测出电流,则说明电路短路。

（9）如果电路无故障,则需对传感器进行检测。

2.传感器周围环境检测

为防止传感器因开线、腐蚀、氧化等现象导致传感器自身误判出现故障情况,首先要对怀疑的传感器进行检查。

3.传感器检测

（1）对于可以检查电阻的传感器,可以直接测量电阻,通过电阻值大小判别传感器是否存在故障。

（2）将传感器所接电路导通,使用万用表电压挡或电阻挡对输出信号进行检测,判别其是否属于正常范围,从而判断传感器故障。

4.传感器维修与更换

对传感器进行以上操作后,可以基本确定传感器是否存在故障。按照操作要求更换传感器,使用故障诊断仪、万用表等仪器设备,采用路试方法检查故障是否排除。

如果情况较复杂,可以采用替换法来判断传感器故障。

小组成员分工及故障分析

小组成员分工及故障分析
成员分工
项目分析
实施计划

实训数据记录

姓名		班级	
学号		指导教师	
组员			
汽车 VIN 码			
汽车品牌		汽车车型		汽车年代	

工具选择	
数据记录及结果分析	

实训报告

请在下方空白处写出本节课您所掌握的知识内容、本人工作任务、完成情况、实训感想等方面的内容。

实训评分表

姓名		班级		学号		指导教师		组别	
评分项目		评分内容			分值	个人评分	小组评分	教师评分	
工具、场地准备		场地干净整洁,符合作业要求			5				
		通用及专用工具准备齐全、正确			5				
专业知识学习		学习态度端正,认真积极			5				
工具设备的选择与使用		检修与维修工具设备选择正确、合适			5				
		工具设备使用正确,操作规范			10				
操作实施		按操作要求实施操作			25				
		操作正确、有序			10				
		零部件拆装无破损			5				
总结报告		数据记录完成,符合实际情况			5				
		实训报告客观、务实			5				
团队协作能力		小组成员分工明确			5				
		团队协作,共同完成实训操作			5				
安全		安全操作,未出现人身危险情况			5				
		工具设备使用安全,未损坏			5				
总分					100				

组长:　　　　　　　　　　　　　　　　日期:

项目 16
汽车空调制冷剂抽空和加注

随着人们对汽车乘坐舒适性要求的不断提升,汽车空调也由以前的机械式改进成现在的全自动式。尽管如此,长时间的使用也会出现不制冷或制冷效果不佳等现象,因此我们需要对汽车空调制冷剂进行抽空、加注操作。本项目通过对汽车空调功用、结构、循环过程等内容进行讲述,对歧管压力表、真空泵、制冷剂等仪器设备进行说明,帮助读者了解汽车空调相关知识,掌握汽车空调制冷剂的抽空、加注方法。

一、实训目的

1.知识目标

(1)了解汽车空调的功用。
(2)了解汽车空调的结构。
(3)掌握汽车空调的循环过程。
(4)掌握歧管压力表、真空泵、制冷剂的使用方法。

2.能力目标

(1)能熟练检测汽车空调压力。
(2)能熟练进行汽车制冷剂抽空操作。
(3)能熟练进行汽车制冷剂加注操作。

3.素质目标

(1)提高学生团队协作能力。
(2)提高学生独立思考及问题分析能力。
(3)提高学生知识学习及实践操作能力。

二、实训要求及注意事项

1. 使用器具要求及注意事项

（1）歧管压力表是一件精密仪表，不得损坏，且要保持清洁。

（2）歧管压力表接头与软管连接时，只能用手拧紧，不能用工具拧紧。

（3）R12 和 R134a 制冷剂不可使用同一个歧管压力表。

（4）真空泵管路的接头要加密封垫，不得有漏气、漏水情况。

（5）切忌让液态制冷剂接触皮肤，以免冻伤。

2. 安全操作要求及注意事项

（1）由指导教师驾驶汽车，学生严禁驾驶汽车。

（2）使用仪器设备进行汽车检测时，应严格遵守仪器设备的安全操作规程。

（3）汽车检测与维修操作前，需要对现场及周围进行安全确认，否则严禁进行相关操作。

（4）汽车检修时，必须仔细对汽车零部件进行检查，防止出现漏件情况。

（5）汽车运行时，严禁在危险区域工作，多人同时进行检测操作时，严禁随意移动汽车，同时应有专人协调，确认安全。

（6）检修结束后，参加检修人员应负责车辆清理及环境清理，并保持环境干净、整洁。

三、实训设备及耗材

歧管压力表一套，实训车一辆，制冷剂数瓶，真空泵一台，汽车维修工具箱一套，汽车维修工具车一辆。

四、基础知识

1. 汽车空调的功用

汽车空调是一种制冷、加热、净化空气、调节空气湿度的装置，用来提高乘车环境，提高乘坐舒适性。

2. 汽车空调结构

汽车空调（图16.1）一般由压缩机、冷凝器、储液干燥器、膨胀阀、蒸发器、管道、冷凝风扇、控制系统等组成。

（1）压缩机：汽车空调压缩机是汽车空调制冷系统的核心，主要用于将低温低压气态制冷剂压缩成高温高压气态制冷剂。

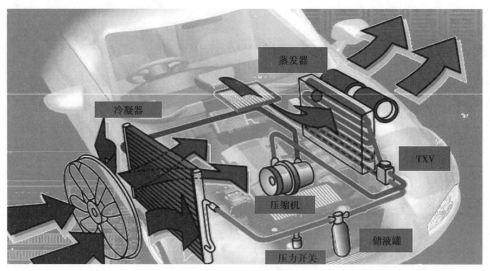

图 16.1　汽车空调结构

（2）冷凝器：冷凝器被称为"热交换器"，是用来将高温高压气态制冷剂冷凝成中温高压气液混合制冷剂的装置。

（3）储液干燥器：制冷管道中的空气及制冷剂中的水蒸气冷凝后会变成水，水积蓄过多会在后继管道中散热成冰，导致管道堵塞。因此需要储液干燥器过滤管道中的水和杂质。

（4）膨胀阀：空调制冷过程中将中温高压液态制冷剂节流为低温低压液态制冷剂。

（5）蒸发器：布置在车内，利用低温低压液态制冷剂蒸发时吸收大量热的原理，把通过它周围的空调热量带走，从而达到冷却目的。

3.汽车空调循环过程

压缩机输出高温高压气态制冷剂进入冷凝器进行降温，冷凝转变成中温高压气液混合制冷剂，再经过储液干燥器过滤杂质和水分，进入膨胀阀进行节流和控制制冷剂流量，并将中温高压液态制冷剂转变为低温低压液态制冷剂进入蒸发器。蒸发器内液态制冷剂吸热，降低车内温度，低温低压液态制冷剂转变成低温低压气态制冷剂进入压缩机，进入下一循环（图16.2）。

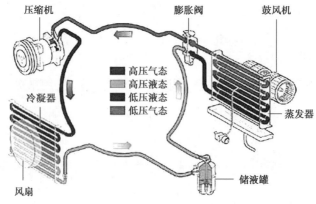

图 16.2　空调工作原理图

4. 歧管压力表

歧管压力表(图 16.3)主要用于检测汽车空调系统压力、抽真空、加注制冷剂。

歧管压力表主要由高压表和低压表两个压力表,高压手动阀和低压手动阀两个手动阀,分别连接低压工作阀、高压工作阀、制冷剂罐和真空泵入口的三个软管接头组成。

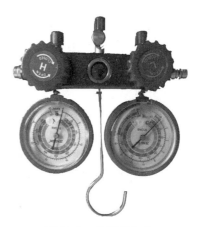

5. 真空泵

真空泵的功用是抽取维修空调系统时外界进入系统的环境湿空气。

图 16.3　歧管压力表

6. 制冷剂

制冷剂又称冷媒,是汽车内降低温度进行热交换的介质。

制冷剂通常采用 R134a 和 R12 两种。

R12 对大气臭氧层有严重破坏作用,并产生温室效应,破坏人类赖以生存的环境,因此已受到限用和禁用。

五、小组分工

针对不同班级情况将学生划分成每小组不多于 10 人的多个小组,并进行任务划分。组长 1 人,主操作者 2 人,副操作者 4 人,数据记录者 2 人,资料查询及收集者 1 人。

组长:主要负责团队成员任务安排及整体统筹工作。

主操作者:主要负责汽车检测与维修操作,仪器、设备使用等工作。

副操作者:协助主操作者完成汽车检测与维修工作。

数据记录者:在操作者进行汽车检测与维修过程中,对相关数据进行记录、整理。

资料查询及收集者:根据实训项目需要,针对相应汽车查找相关资料,提供给操作者作为参考。

汽车检测与维修前期和后期的场地清洁,工具整理,后期处理等均由团队成员共同协作完成。

六、实训内容

1. 汽车空调压力检测

(1)将歧管压力表高低压端分别连接在汽车空调系统高低压管路检修阀上(蓝色为低压

侧,红色为高压侧),如图 16.4、图 16.5 所示。

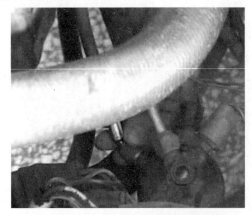 

图 16.4　歧管压力表高压侧连接　　　　图 16.5　歧管压力表低压侧连接

（2）关闭歧管压力表上的高低压手动阀。

（3）启动发动机,调节发动机转速值为 1 250 r/min,启动空调,温度调至最低温度,风速调至最高风速,发动机温度正常运行 5～10 min 后,读取歧管压力表读数。

（4）R134a 制冷系统正常读数:低压侧 0.15～0.25 MPa;高压侧为 1.37～1.57 MPa,如图 16.6 所示。

图 16.6　制冷系统读数

（5）高低压侧压力读数均过低,则说明制冷剂不足,若工作一段时间后出现这种情况,则可能是制冷系统出现泄漏。

（6）如果高低压侧压力均过高,则说明制冷剂过多,应释放一部分制冷剂。

（7）如果释放制冷剂后,高低压侧压力仍过高,则可能是在汽车空调系统维修过程中有外界空气进入,此时需要进行抽真空操作。

2.汽车空调抽真空

（1）将歧管压力表高低压端分别连接在汽车空调系统高低压管路检修阀上(蓝色为低压侧,红色为高压侧)。

（2）将歧管压力表中间软管与真空泵相连。

(3)打开歧管压力表上的高低压手动阀,启动真空泵,观察高低压力表,将系统抽真空至98.70～99.99 kPa。

(4)关闭歧管压力表高低压手动阀,观察压力表压力是否回升。若回升,则表示空调系统出现泄漏,应及时进行检漏和修补。

(5)若指针保持不动,则打开高低压手动阀,启动真空泵继续抽真空 15～30 min,使真空压力表指针稳定。

(6)关闭歧管压力表上的高低压手动阀。

(7)关闭真空泵。

注意:先关闭高低压手动阀,再关闭真空泵,以防止空气进入制冷系统。

3.汽车制冷剂添加

(1)将歧管压力表高低压端分别连接在汽车空调系统高低压管路检修阀上(蓝色为低压侧,红色为高压侧)。

(2)将歧管压力表中间软管与制冷剂罐相连(图 16.7)。

图 16.7　连接制冷剂罐

(3)打开制冷剂罐(图 16.8),拧松中间注入软管在歧管压力表上的螺母,直到听见有制冷剂蒸汽流动声,然后拧紧螺母。

(4)打开低压手动阀(图 16.9),制冷剂进入制冷系统。

(5)启动发动机,将空调开关接通,并将风量调至最大,温度调至最低。

(6)打开歧管压力表上的手动阀,让制冷剂继续进入制冷系统,直至加注量达到规定值。

(7)加注规定制冷剂量后,检测高低侧压力,均在规定范围内。

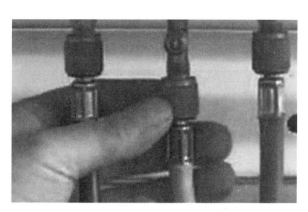

图 16.8　打开制冷剂罐

图 16.9　打开低压手动阀

小组成员分工及故障分析

小组成员分工及故障分析
成员分工
项目分析
实施计划

实训数据记录

姓名		班级	
学号		指导教师	
组员			
汽车 VIN 码			
汽车品牌		汽车车型		汽车年代	
工具选择			
数据记录及结果分析			

实训报告

请在下方空白处写出本节课您所掌握的知识内容、本人工作任务、完成情况、实训感想等方面的内容。

实 训 评 分 表

姓名		班级		学号		指导教师		组别	

评分项目	评分内容	分值	个人评分	小组评分	教师评分
工具、场地准备	场地干净整洁,符合作业要求	5			
	通用及专用工具准备齐全、正确	5			
专业知识学习	学习态度端正,认真积极	5			
工具设备的选择与使用	检修与维修工具设备选择正确、合适	5			
	工具设备使用正确,操作规范	10			
操作实施	按操作要求实施操作	25			
	操作正确、有序	10			
	零部件拆装无破损	5			
总结报告	数据记录完成,符合实际情况	5			
	实训报告客观、务实	5			
团队协作能力	小组成员分工明确	5			
	团队协作,共同完成实训操作	5			
安全	安全操作,未出现人身危险情况	5			
	工具设备使用安全,未损坏	5			
总分		100			

组长: 日期:

项目 17
汽车车身及内饰清洁

目前,汽车清洁养护业在我国已被越来越多的人所接受,并成为一种时尚。人们对自己的汽车也更加的呵护,"七分修三分养"的维修理念已经被人们逐渐抛弃,"七分养三分修"的养护理念落实到实实在在的消费行为上。同时,国外一些知名汽车清洁美容公司纷纷登场,在全国范围内办起了连锁店,各种品牌的汽车清洁养护用品也像雨后春笋般出现,并造就了一支汽车清洁养护大军,从业人数逐年增加,汽车清洁养护业呈现一片繁荣景象,并已经成为我国的黄金产业和朝阳产业。

一、实训目的

1. 知识目标

(1)了解传统清洁和专业清洁的区别。
(2)了解车身清洁的发展。
(3)了解车身清洁的作用。
(4)掌握专业清洁的项目。

2. 能力目标

(1)掌握车身清洁的时机。
(2)掌握清洗剂的使用范围及注意事项。
(3)了解典型清洗设备的使用方法。

3. 素质目标

(1)提高学生团队协作能力。
(2)提高学生独立思考及问题分析能力。
(3)提高学生知识学习及实践操作能力。

二、实训要求及注意事项

1. 使用器具要求及注意事项

(1)冷水高压清洁机避免开关涉水,防止漏电。

(2)汽车车身和轮毂要分别用不同的毛巾擦洗,以免混用划伤车漆。

(3)轻拿轻放,避免撞击,不使用时请将电源插头拔下。

(4)拔出插头时应握住插头拔出,而不是拉扯电源线。

(5)使用过的毛巾清洗干净后披挂晾晒。

2. 安全操作要求及注意事项

(1)由指导教师驾驶汽车,学生严禁驾驶汽车。

(2)使用仪器设备进行汽车清洗时,应严格遵守仪器设备的安全操作规程。

(3)汽车清洗前,需要对现场及周围进行安全确认,否则严禁进行相关操作。

(4)汽车运行时,严禁在危险区域工作,多人同时进行检测操作时,严禁随意移动汽车,同时应有专人协调,确认安全。

(5)清洁结束后,清洁人员应负责设备整理及环境清理,并保持环境干净、整洁。

三、实训设备及耗材

汽车冷水高压清洁机(图17.1)一台,实训车(图17.2)一辆,汽车车身清洁剂(图17.3),毛巾以及海绵(图17.4)若干,水桶(图17.5)一只,线圈(图17.6)若干,表板蜡(图17.7)若干,吸尘器(图17.8)一台。

图17.1　汽车冷水高压清洁机

图 17.2　实训车

图 17.3　汽车车身清洁剂

图 17.4　毛巾及海绵

图 17.5　水桶

图 17.6　线圈

图 17.7　表板蜡

图 17.8　吸尘器

<h2>四、基础知识</h2>

1.汽车专业清洁

汽车专业清洁是指利用专业养护清洗材料、工具和设备,由专业人员对汽车车身及附件进行专业清洁养护处理,使汽车得到保养,再现汽车本来色彩。它不仅可使汽车焕然一新,保持艳丽的光彩,更能达到旧车变新、新车保值的功效。

2.汽车清洁的重要性

汽车清洁是汽车美容的第一环节,同时也是一个重要环节。它既是一项基础性的工作,也是一种经常性的美容作业。汽车在使用过程中,其表面会受到风吹、日晒、雨淋等自然侵蚀,逐渐沉积灰尘和各类污物。如果这些污垢不及时清除,不仅影响到汽车的外观,还会诱发锈蚀和损伤。因此,汽车清洁对保持车容美观、延长车辆使用寿命有着重要作用。

3.汽车专业清洁的主要作用

一般来讲,汽车清洁不仅使汽车清洁亮丽、光彩如新,其主要的目的在于保养,其作用主要表现在以下方面:

（1）保持汽车外观整洁。

（2）清除大气污染侵害。

（3）清除车身表面顽渍。

4.汽车专业清洁的主要项目

汽车专业清洁的特点是覆盖面广且可施工项目多,其中既有简单的清洗项目,也有复杂的保养类清洁项目:

（1）汽车外部清洁护理。

（2）汽车内部清洁护理。

(3)发动机清洁护理。

五、小组分工

针对不同班级情况将学生划分成每小组不多于 10 人的多个小组,并进行任务划分。组长 1 人,主操作者 2 人,副操作者 4 人,数据记录者 2 人,资料查询及收集者 1 人。

组长:主要负责团队成员任务安排及整体统筹工作。

主操作者:主要负责汽车预冲洗等工作。

副操作者:协助主操作者完成冲洗、打泡沫等工作。

数据记录者:在操作者进行汽车清洗过程中,对相关数据进行记录、整理。

资料查询及收集者:根据实训项目需要,针对相应汽车查找相关资料,提供给操作者作为参考。

汽车检测与维修前期和后期的场地清洁,工具整理,后期处理等均由团队成员共同协作完成。

六、实训内容

(1)取出汽车脚垫放置于干净地面进行预冲洗,喷上专业清洗剂后用湿毛巾擦拭干净,再用清水冲净,置于干净通风处晾干。

(2)使用冷水高压清洁机对车身进行预冲洗,从车顶开始按照从上到下的原则。

(3)在水桶中倒入清水后添加车身清洗剂打出丰富泡沫,然后用毛巾蘸液擦拭车身,彻底清洁车身上的灰尘、沥青、油墨、鸟粪等顽固污渍,然后用清水冲净;第二次用泡沫清洁车身,然后用清水冲净。

(4)使用吸水干毛巾擦干车身。

(5)使用湿润毛巾擦拭汽车内部仪表板、座椅,喷上专业清洁剂后用湿毛巾擦拭,清洁干净后用干净湿毛巾再擦拭一遍。

(6)使用表板蜡均匀喷涂在汽车仪表板上。

(7)使用吸尘器彻底清洁车内的灰尘等杂质。

(8)脚垫晾干后重新安装于车内,将清洁完毕的汽车停放于阴凉通风处。

(9)收拾实训设备及相关耗材并打扫实训场地。

小组成员分工及故障分析

小组成员分工及故障分析
成员分工
项目分析
实施计划

实训数据记录

姓名			班级	
学号			指导教师	
组员				
汽车 VIN 码				
汽车品牌		汽车车型		汽车年代
工具选择				
数据记录及结果分析				

实训报告

请在下方空白处写出本节课您所掌握的知识内容、本人工作任务、完成情况、实训感想等方面的内容。

实训评分表

姓名		班级		学号		指导教师		组别	

评分项目	评分内容	分值	个人评分	小组评分	教师评分
工具、场地准备	场地干净整洁,符合作业要求	5			
	通用及专用工具准备齐全、正确	5			
专业知识学习	学习态度端正,认真积极	5			
工具设备的选择与使用	检修与维修工具设备选择正确、合适	5			
	工具设备使用正确,操作规范	10			
操作实施	按操作要求实施操作	25			
	操作正确、有序	10			
	零部件拆装无破损	5			
总结报告	数据记录完成,符合实际情况	5			
	实训报告客观、务实	5			
团队协作能力	小组成员分工明确	5			
	团队协作,共同完成实训操作	5			
安全	安全操作,未出现人身危险情况	5			
	工具设备使用安全,未损坏	5			
总分		100			

组长: 　　　　　　　　　　　　　　　　日期:

项目 18
汽车防爆隔热膜的安装

汽车防爆隔热膜是指在汽车玻璃表面粘贴的膜,俗称防爆膜,除了隔热隔光之外,还具有防爆功能,优质的防爆膜是用特殊的聚酯膜作基材,膜本身就具有很强的韧性,并配合特殊压力敏感胶,遇到意外时,玻璃破裂后被膜粘牢而不会飞溅伤人。汽车防爆膜还具有单向透视、降低眩光的功能。

一、实训目的

1. 知识目标

(1)了解汽车车窗防爆隔热膜的发展过程。
(2)了解汽车车窗防爆隔热膜的组成。
(3)了解汽车车窗防爆隔热膜的作用及鉴别方法。
(4)掌握汽车车窗防爆隔热膜的安装及注意事项。

2. 能力目标

(1)熟悉汽车车窗防爆隔热膜粘贴使用工具和设备。
(2)掌握汽车车窗防爆隔热膜的粘贴方法。

3. 素质目标

(1)提高学生团队协作能力。
(2)提高学生独立思考及问题分析能力。
(3)提高学生知识学习及实践操作能力。

二、实训要求及注意事项

1. 使用器具要求及注意事项

（1）在用热风机烘烤车膜时不可一直吹同一个地方，以免损坏车膜。

（2）轻拿轻放，避免撞击，不使用时请将电源插头拔下。

（3）拔出插头时应握住插头拔出，而不是拉扯电源线。

（4）使用后将电缆和配接线等附件放回箱子避免丢失。

2. 安全操作要求及注意事项

（1）由指导教师驾驶汽车，学生严禁驾驶汽车。

（2）使用仪器设备进行汽车检测时，应严格遵守仪器设备的安全操作规程。

（3）侧窗在汽车贴膜后 3～5 天之内不要开启。

（4）贴膜后，不要急于开冷气，也不要暴晒。

（5）不要用含有酒精或氨水的溶液清洗玻璃膜。

（6）不要用指甲或尖锐物将膜边缘揭开，以免污物进入。

（7）如果玻璃上有雾气、水纹或者气泡，一定要在 24 h 内返回贴膜店处理。

（8）禁用黏性标签直接贴在膜上。

（9）汽车贴膜后 2～3 周内尽量不要清洗，可使用不起毛的布等柔软物品蘸肥皂水擦拭，注意不要夹入砂粒或尖锐颗粒，也不要使用硬毛刷和磨片等，以免划伤膜表面。

三、实训设备及耗材

1. 保护工具

（1）遮盖材料。遮盖材料如图 18.1 所示。它可以防止内饰部件和车身被清洗液和安装液淋湿或弄脏。

（2）毛巾。如图 18.2 所示，毛巾主要用来保护仪表台、座椅或内饰，同时可以吸收清洗液和安装液，一般选用纯毛且不掉毛的毛巾。

图 18.1　遮盖材料

图 18.2　毛巾

2.清洗工具

（1）喷壶。喷壶如图 18.3 所示，它可以盛放清洗液和安装液，使液体以所需的雾形喷出。

（2）铲刀。如图 18.4 所示，铲刀可以清除玻璃表面的顽固污渍及粘贴物。

图 18.3　喷壶 　　　　　　　　图 18.4　铲刀

3.裁膜工具

（1）剪刀。剪刀如图 18.5 所示，用来裁剪膜的形状。

（2）尺。直尺（图 18.6）和卷尺可测量车窗及膜的尺寸，便于粗裁切。

图 18.5　剪刀 　　　　　　　　图 18.6　直尺

4.热成型工具

（1）热风枪。热风枪如图 18.7 所示。热风枪可以加热窗膜，使其收缩变形，与玻璃形状一致，并便于和玻璃很好地贴合。

（2）塑料刮板。塑料刮板如图 18.8 所示。塑料刮板用来刮平窗膜，并辅助成型。

图 18.7　热风枪 　　　　　　　　图 18.8　塑料刮板

四、基础知识

1. 防爆隔热膜的发展

汽车车窗防爆隔热膜的发展先后经历了茶色膜、防爆膜、防爆隔热膜3个阶段。

2. 防爆隔热膜的结构

防爆隔热膜的制造非常讲究,优质的防爆隔热膜以带色薄膜塑料为基体,采用真空镀层技术,在基体上电镀一层超薄的金属,达到遮光、隔热和阻隔紫外线等作用,同时高强度的基体具有一定的防爆裂作用。其结构层主要由透明基材、易施工胶膜层、感压式粘胶层、隔热层、防紫外线层、安全基层及耐磨外层组成。

3. 汽车防爆太阳膜的作用

(1)抵御有害紫外线。
(2)提高防爆性能。
(3)提高空调效能。
(4)提升车的档次。
(5)保证乘车隐秘性。

五、小组分工

针对不同班级情况将学生划分成每小组不多于10人的多个小组,并进行任务划分。组长1人,主操作者2人,副操作者4人,数据记录者2人,资料查询及收集者1人。

组长:主要负责团队成员任务安排及整体统筹工作。

主操作者:主要负责汽车清洗,车膜裁剪,安装等工作。

副操作者:协助主操作者完成车膜安装工作。

数据记录者:在操作者进行汽车车膜安装过程中,对相关数据进行记录、整理。

资料查询及收集者:根据实训项目需要,针对相应汽车查找相关资料,提供给操作者作为参考。

汽车防爆隔热膜安装前期和后期的场地清洁,工具整理,后期处理等均由团队成员共同协作完成。

六、实训内容

1. 准备工作

(1)车内遮盖防护。贴膜时,前后机盖应遮盖,防止在安装过程中划伤漆面,内室应使用塑料保护套包好,以防喷安装液时弄脏车门、地板、车座和空调出风口,造成事故和损伤。

(2)制作贴膜样板。利用塑料薄膜或报纸等,在需要进行贴膜的玻璃上勾勒出基本形状,以便下料、裁膜。

2. 施工流程

(1)清洗车窗玻璃密封胶条。

(2)清洁车窗玻璃。

(3)粗定型。将粗裁的膜用安装液黏附在外侧玻璃上,进行外部粗定型。

(4)裁膜。根据车窗玻璃的形状,对车膜进行细致的剪裁,去掉多余的膜。

注意事项:

(1)贴膜时,各部分受热应均匀,以防受热不均产生开裂。

(2)前风挡玻璃膜不应超过陶瓷小黑点,为了不影响行车视线必须整张粘贴。

(3)侧风挡玻璃裁切时应小于玻璃 3 ~ 5 mm。

(4)后风挡玻璃因有加热丝,不要整张粘贴。

(5)裁切时不要划伤玻璃。

(6)挤水。用专用刮板刮压玻璃膜,挤出膜和玻璃之间的安装液,并保证二者完全贴合无气泡。

(7)粘贴玻璃警示贴。为保证粘贴质量须在 3 日后才能开启车窗玻璃。因此贴膜完成后,如果经检验没有问题,工作人员应在玻璃升降器把手位置粘贴警示贴,以防立马开启车窗玻璃。

小组成员分工及故障分析

小组成员分工及故障分析
成员分工
项目分析
实施计划

实训数据记录

姓名		班级	
学号		指导教师	
组员			
汽车 VIN 码			
汽车品牌		汽车车型		汽车年代	

工具选择	
数据记录及结果分析	

实 训 报 告

请在下方空白处写出本节课您所掌握的知识内容、本人工作任务、完成情况、实训感想等方面的内容。

实训评分表

姓名		班级		学号		指导教师		组别	
评分项目		评分内容			分值	个人评分		小组评分	教师评分
工具、场地准备		场地干净整洁,符合作业要求			5				
		通用及专用工具准备齐全、正确			5				
专业知识学习		学习态度端正,认真积极			5				
工具设备的选择与使用		检修与维修工具设备选择正确、合适			5				
		工具设备使用正确,操作规范			10				
操作实施		按操作要求实施操作			25				
		操作正确、有序			10				
		零部件拆装无破损			5				
总结报告		数据记录完成,符合实际情况			5				
		实训报告客观、务实			5				
团队协作能力		小组成员分工明确			5				
		团队协作,共同完成实训操作			5				
安全		安全操作,未出现人身危险情况			5				
		工具设备使用安全,未损坏			5				
总分					100				

组长:　　　　　　　　　　　　　日期:

项目 19
汽车漆面打蜡及抛光

　　打蜡主要是为了防酸雨对车身的腐蚀,有了车蜡的保护会使车身减缓老化和褪色,同时车蜡保护车漆,延长车漆的使用寿命,车蜡还可以有效地隔断车身与空气、尘埃的摩擦,减少车身吸附灰尘。汽车经打蜡和抛光后会显得焕然一新。

一、实训目的

1. 知识目标

(1)了解养护蜡的种类和用途。
(2)了解抛光剂的种类和作用。
(3)了解打蜡和抛光的作用。
(4)掌握打蜡抛光工具和设备的使用。

2. 能力目标

(1)掌握打蜡抛光的工序。
(2)了解打蜡抛光的注意事项。

3. 素质目标

(1)提高学生团队协作能力。
(2)提高学生独立思考及问题分析能力。
(3)提高学生知识学习及实践操作能力。

二、实训要求及注意事项

1. 使用器具要求及注意事项

（1）涂蜡应选在室内或阴凉干燥处，涂蜡时车体应完全冷却。

（2）用涂蜡海绵在车身上打圈，把蜡均匀地涂抹在车身表面，要求用蜡要适量，涂抹均匀，没有遗漏，力度要均匀，动作要柔。

（3）涂蜡时尽量不要涂抹到橡胶件、塑料件、玻璃上。

2. 安全操作要求及注意事项

（1）由指导教师驾驶汽车，学生严禁驾驶汽车。

（2）使用打蜡机打蜡时，应严格遵守仪器设备的安全操作规程。

（3）汽车打蜡操作前，需要对现场及周围进行安全确认，否则严禁进行相关操作。

（4）汽车运行时，严禁在危险区域工作，多人同时进行检测操作时，严禁随意移动汽车，同时应有专人协调，确认安全。

（5）打蜡结束后，参加打蜡人员应负责车辆清理及环境清理，并保持环境干净、整洁。

三、实训设备及耗材

实训车一辆，打蜡机（图19.1），抛光盘（图19.2），粗蜡（图19.3），细蜡（图19.4）。

图19.1　打蜡机　　　　　　图19.2　抛光盘　　　　　图19.3　粗蜡　　　图19.4　细蜡

四、基础知识

1. 打蜡

（1）打蜡的定义。

①打蜡：打蜡是指在车身表面涂上车蜡来增加漆面润光度，减缓车漆老化的汽车美容

工序。

②车蜡:车蜡是一种涂抹在车漆表面,用来研磨和保护漆面,同时又起到修复和美观用途的化学材料,车蜡是美容护理不可或缺的重要材料之一。

(2)打蜡的作用。

①上光。

②防水。

③防静电。

④抗高温、防紫外线。

⑤研磨抛光。

⑥其他作用。

2. 抛光

(1)抛光的定义。

①抛光:抛光是指利用手工或机械的方法去除车身漆面划痕、老化斑痕等,以获得光亮一新的漆膜表面的美容方法。

②抛光剂:抛光剂也称为光亮剂,是一种透明制剂,可以使漆面表面变得光亮,并可以去除一些细小的划痕。

(2)抛光原理。

抛光是在抛光盘、抛光剂和漆面三者之间进行的,抛光盘配合抛光剂在漆面摩擦产生静电,在静电作用下,孔内的脏物被吸收,抛光盘又把漆面的微观氧化磨掉,并将细微的划痕拉平填满。另外,在抛光过程中抛光剂中的一部分又融入漆面,使之发生还原反应,最后得到清洁如新、光滑亮丽的漆面。

(3)抛光剂的种类。

①抛光剂按照形态可分为悬浮液抛光剂、膏状研磨膏和喷雾状抛光剂3种。

②抛光剂根据使用表面材质和作用分为镜面抛光剂、玻璃抛光剂和金属抛光剂3种。

(4)抛光的作用。

①消除漆面细微划痕(发丝划痕)。

②处理汽车漆面轻微损伤及各种斑迹,进而达到光亮无瑕的漆面效果。

③增加漆面翻新程度和光泽度。

五、小组分工

针对不同班级情况将学生划分成每小组不多于10人的多个小组,并进行任务划分。组长1人,主操作者2人,副操作者4人,数据记录者2人,资料查询及收集者1人。

组长:主要负责团队成员任务安排及整体统筹工作。

主操作者:主要负责汽车打蜡抛光操作,仪器、设备使用等工作。

副操作者:协助主操作者完成汽车打蜡抛光工作。

数据记录者:在操作者进行汽车打蜡抛光过程中,对相关数据进行记录、整理。

资料查询及收集者:根据实训项目需要,针对相应汽车查找相关资料,提供给操作者作为参考。

汽车打蜡前期和后期的场地清洁,工具整理,后期处理等均由团队成员共同协作完成。

六、实训内容

(1)对车身表面进行彻底清洁,尤其要去除车身表面的顽固污渍,并注意车身缝隙位置,同时观察车身表面有无划痕,若车身表面损伤,不能直接进行抛光处理。

(2)对车身不需抛光的位置进行遮盖,如玻璃、车轮、前格栅、车标、车牌等部位。

(3)将镜面抛光剂均匀地涂抹到车身漆面上,并且用软布进行擦拭。

(4)使用抛光机配黑色海绵轮,将抛光剂均匀涂覆在汽车漆面上,并抛光至返亮效果,使旧漆迅速还原、显色。最后使用干净抹布擦去抛光后留下的蜡和手指印等残痕。使用抛光机施加中等压力,保持抛光速度1 800 r/min 左右,去除漆面的各种缺陷。粗磨抛光选白色粗抛海绵轮,精细抛光使用黑色波浪海绵轮。

(5)抛光后表面处理。将蜡用擦车纸或海绵均匀地涂覆在车身表面,等待几分钟,在蜡迹完全干透前使用抹布将漆面抛亮,获得光亮如新的漆面效果。

小组成员分工及故障分析

小组成员分工及故障分析
成员分工
项目分析
实施计划

实训数据记录

姓名		班级	
学号		指导教师	
组员			
汽车 VIN 码			
汽车品牌		汽车车型		汽车年代	

工具选择	
数据记录及结果分析	

实训报告

请在下方空白处写出本节课您所掌握的知识内容、本人工作任务、完成情况、实训感想等方面的内容。

实训评分表

姓名		班级		学号		指导教师		组别	
评分项目		评分内容			分值	个人评分	小组评分	教师评分	
工具、场地准备		场地干净整洁,符合作业要求			5				
		通用及专用工具准备齐全、正确			5				
专业知识学习		学习态度端正,认真积极			5				
工具设备的选择与使用		检修与维修工具设备选择正确、合适			5				
		工具设备使用正确,操作规范			10				
操作实施		按操作要求实施操作			25				
		操作正确、有序			10				
		零部件拆装无破损			5				
总结报告		数据记录完成,符合实际情况			5				
		实训报告客观、务实			5				
团队协作能力		小组成员分工明确			5				
		团队协作,共同完成实训操作			5				
安全		安全操作,未出现人身危险情况			5				
		工具设备使用安全,未损坏			5				
总分					100				

组长：　　　　　　　　　　　日期：

项目 20
汽车封釉和镀膜

汽车封釉与汽车镀膜是基本相同的汽车漆面养护工序，只是表现形式有所区别。封釉多是一种以乳状为载体的表现物，而汽车镀膜大多情况下是以水剂为载体的表现物，釉和膜都需要结晶过程。从原理上分析，二者生产工艺不同，施工方法也不同，但除了比较新的车漆之外，不管是汽车镀膜还是汽车封釉，都要经过研磨或抛光工序处理才能达到最佳的效果，汽车漆面经镀膜和封釉后会形成一层保护膜。

一、实训目的

1. 知识目标

（1）了解汽车釉的种类和作用。
（2）了解汽车镀膜的种类和作用。
（3）知道封釉和镀膜的区别。
（4）知道封釉和镀膜的特点。

2. 能力目标

（1）掌握封釉的工艺方法。
（2）掌握镀膜的工艺方法。
（3）知道封釉和镀膜的注意事项。

3. 素质目标

（1）提高学生团队协作能力。
（2）提高学生独立思考及问题分析能力。
（3）提高学生知识学习及实践操作能力。

二、实训要求及注意事项

1. 使用器具要求及注意事项

(1)洗车时一定要注意洗车液的使用,一定要采用中性洗车液清洗车辆。

(2)彻底清洁车漆,如漆面较差、油渍、氧化膜、污渍较多会直接影响产品使用效果和持久性。

(3)夏天请勿在太阳直射或车漆过热及灰尘过多时施工。

(4)务必分块操作,不可整车涂抹后再擦拭提光,否则膜层固化后难以提光。

(5)务必注意毛巾湿润度、喷洒距离和喷洒次数,即毛巾浸水后用力拧干,类似机洗脱水后的潮湿度为佳,然后摇匀产品,距离毛巾 10~15 cm 处均匀喷洒 2~3 次镀膜液于略湿润毛巾上,然后用毛巾涂抹漆面。深色车初次施工时需要特别注意,先小范围内试用,喷涂后立即用干毛巾擦拭提光,确定能涂抹均匀。

(6)施工后膜层固化需要一定的时间,建议 48 h 内勿沾水、洗车以及频繁触摸车漆,膜层完全固化后才能体现最佳的效果。

(7)施工于塑料、橡胶、镀铬件以及轮毂等部位同样具有良好的保护作用。

(8)镀膜施工后具有强隔离和拨水性,前风挡玻璃请避免使用,以免雨水落在表面后成水珠状影响视线。

2. 安全操作要求及注意事项

(1)由指导教师驾驶汽车,学生严禁驾驶汽车。

(2)使用仪器设备进行汽车镀膜时,应严格遵守仪器设备的安全操作规程。

(3)汽车镀膜操作前,需要对现场及周围进行安全确认,否则严禁进行相关操作。

(4)汽车运行时,严禁在危险区域工作,多人同时进行检测操作时,严禁随意移动汽车,同时应有专人协调,确认安全。

(5)镀膜结束后,参加检修人员应负责车辆清理及环境清理,并保持环境干净、整洁。

三、实训设备及耗材

实训车一辆,抛光机,粗蜡,细蜡,晶膜产品(图 20.1)。

图 20.1 晶膜产品

四、基础知识

1. 漆面镀膜的定义

漆面镀膜是指将某种特殊的保护剂喷涂在车漆表面,利用这种保护剂在车漆表面的化学变化,形成一层很薄、坚硬、透明的保护膜,从而在一定期间内保护车漆不受外界污秽、杂质等的影响,最终达到车漆不氧化、易清洁、保持亮丽的功效。

2. 镀膜的种类

(1)玻璃镀膜剂。
(2)车身镀膜剂。
(3)轮毂镀膜剂。

3. 镀膜的特点

(1)镀膜后,可以在一定时期内保护车漆光亮度。
(2)镀膜自身不氧化,磨损损耗后对车漆无伤害。
(3)操作简便,在洗车时完成车漆上光保护。

4. 镀膜的作用

(1)让车身表面长时间处于一种崭新的状态。
(2)让车身表面不会轻易受到外界物质的污染或者影响。
(3)在清理物车身表面时可以轻松清理掉污物。

五、小组分工

针对不同班级情况将学生划分成每小组不多于 10 人的多个小组，并进行任务划分。组长 1 人，主操作者 2 人，副操作者 4 人，数据记录者 2 人，资料查询及收集者 1 人。

组长：主要负责团队成员任务安排及整体统筹工作。

主操作者：主要负责汽车镀晶镀膜操作，仪器、设备使用等工作。

副操作者：协助主操作者完成汽车镀晶镀膜工作。

数据记录者：在操作者进行汽车镀晶镀膜过程中，对相关数据进行记录、整理。

资料查询及收集者：根据实训项目需要，针对相应汽车查找相关资料，提供给操作者作为参考。

汽车镀晶镀膜前期和后期的场地清洁，工具整理，后期处理等均由团队成员共同协作完成。

六、实训内容

（1）车体外表清洗。

（2）使用抛光机浅抛车身浅划痕。

（3）抛光机去眩光。

（4）将脱脂剂均匀喷洒到车身表面。对于一些边角位置，应用配套小毛巾均匀涂抹。

（5）在车身表面均匀地涂抹镀膜剂，涂抹时速度应缓慢，镀膜剂有一个凝固的过程，操作时应先在小范围操作再扩展到车身全部，不可以有遗漏。

（6）将汽车置于阴凉处，等待晶膜固化。

小组成员分工及故障分析

小组成员分工及故障分析
成员分工
项目分析
实施计划

实训数据记录

姓名		班级	
学号		指导教师	
组员			
汽车 VIN 码			
汽车品牌		汽车车型		汽车年代	

工具选择	

数据记录及结果分析	

实训报告

请在下方空白处写出本节课您所掌握的知识内容、本人工作任务、完成情况、实训感想等方面的内容。

实训评分表

姓名		班级		学号		指导教师		组别	
评分项目		评分内容				分值	个人评分	小组评分	教师评分
工具、场地准备		场地干净整洁,符合作业要求				5			
		通用及专用工具准备齐全、正确				5			
专业知识学习		学习态度端正,认真积极				5			
工具设备的选择与使用		检修与维修工具设备选择正确、合适				5			
		工具设备使用正确,操作规范				10			
操作实施		按操作要求实施操作				25			
		操作正确、有序				10			
		零部件拆装无破损				5			
总结报告		数据记录完成,符合实际情况				5			
		实训报告客观、务实				5			
团队协作能力		小组成员分工明确				5			
		团队协作,共同完成实训操作				5			
安全		安全操作,未出现人身危险情况				5			
		工具设备使用安全,未损坏				5			
总分						100			
组长:　　　　　　　　　　　　　　　　　　　　　　　　日期:									

参考文献

［1］符小泽，吴敏，郑孟. 汽车整车维护与检修［M］. 北京：科学技术文献出版社，2015.

［2］王林超，徐刚. 汽车底盘构造与拆装［M］. 北京：人民交通出版社，2017.

［3］黎仕增，田海兰，吴炜. 汽车底盘构造与维修［M］. 成都：西南交通大学出版社，2014

［4］秦会斌. 汽车检测与维修技术［M］. 北京：机械工业出版社，2008.

［5］王怀建. 汽车维修常用工具及设备使用［M］. 2 版. 北京：机械工业出版社，2020.

［6］谭本忠. 汽车维护与保养图解教程［M］. 2 版. 北京：机械工业出版社，2016.